衝破家鎖

擺脫家族制約、
創造新生活

蘿莎‧瑞斯史坦納——著
李昕彥——譯

Familie im Gepäck

Wie Sie sich aus alten Mustern lösen
und zum eigenen Leben finden

Rosa Rechtsteiner

推薦序

台灣婚姻與家庭輔導學會名譽理事長 ——林蕙瑛

　　婚姻諮詢與家族治療在台灣社會的接受度越來越高，學習婚姻與家族治療的專業助人者也對此領域非常熱衷，而台灣的心理諮詢及婚家治療受美國的影響極大，近年來維吉尼亞沙提爾（Virginia Satir）的聯合家族治療法、包文（Murray Bowen）的多世代家族治療法、密努擎（Salvador Minuchin）的結構家族治療法等在台灣開始盛行，出版書籍及參加講座、工作坊經常是專業助人者在職訓練或繼續教育的管道。然而我們對歐洲的婚家治療就沒有那麼熟悉了，其實英、法、德國的婚姻諮詢與家族治療都相當先進，畢竟心理治療本是源自歐洲。

　　看到《衝破家鎖》這本書的譯稿後，引起我極大的好奇心與求知慾，很想知道這套由德國教育學者——蘿莎‧瑞斯史坦納所自創的家族系統治療法是怎麼一回事。書中她引用他人的名句，「要是不一樣，就是死路一條」及「我們都是一

對對混合伴侶的後代」，語帶玄機，令人驚訝，會讓讀者迫不及待地進入本書章節，一窺其治療法全貌。

歐洲種族多類，且多國曾經受過烽火洗禮，尤其是德國，每一個國民的家庭中不同世代都有不同的故事。雖然年輕人漸趨獨立，早早就離家獨力生活，但是心理上的家庭結（family ties）還是緊緊相繫。根據作者蘿莎所言，人們往往不自覺自己的困境或痛苦原來是來自早先家庭深遠的影響，也許是父母代，甚至是祖父母代也有可能。

她以家系圖來分析，帶領案主進入他／她的兩代或三代家庭系統中，讓他們瞭解到自己永遠是家族的一份子，以「闡釋」的技術將案主潛意識的事物帶到意識層面，人體肌動學中的肌肉測試與身體工作是她諮詢過程中的特色，而能量工作則是賦權予案主並與他／她共同找出認知語句。她開發了一套自己的流程，非常有趣。

諮詢也好，治療也罷，都有其理論基礎。蘿莎的家庭系統治療法有自己的世代排列與氏族規則理論，但也採取心理學各大學派的理論與技術，包括精神分析學派、行為學派、理情行為學派、認知行為學派，以及多世代家族治療法，對於治療效果非常有自信且應用純熟得當，效果可見。

　　本書的特點之一就是作者列舉了許多她治療過的案例，並且描繪出案主的家庭世代圖，分析仔細透徹，描述案主的困難與逐步的改善詳實生動，她尤其強調職涯與婚姻這兩區塊，因為這就是人的生活；而親子關係、單親家庭、重組家庭等亦是她關心且有實作的部分；至於外遇、家暴、戰爭創傷的記憶、門當戶對、文化差異、在傳統與創新中掙扎等家庭人際議題亦一一被討論，涵蓋了氏族影響、心理及社會因素，不僅內容豐富，且探討非常深入，可說是引人入勝的著作。

　　蘿莎深明歷史的脈絡及人在大環境中的無可奈何，但她對人有興趣，且有專業素養，因此寫作此書，主要是為了提醒人們，家庭有時會為我們帶來負面影響沒錯，我們必須儘早覺察才能防範不良的生活；但是氏族與家人也為我們帶來許多正面的激勵與恩惠，也是要靠我們自己去發現及感受，生活才能更加順暢美好。

　　這是一本生動有趣、容易閱讀的專業／半專業書籍，既有理論及技術，又有生活與人性，我希望將此書推薦給諮商心理師及婚家治療師，由身處不同民情與國情的德國專家所寫出來的家族治療學派及其應用，可以吸取其實務經驗和其豐富的專業知識。然而非專業助人者，也就是一般讀者，亦

很適合閱讀此書，蘿莎分享了許多案例，深入淺出，也許你可以在職業與職涯，或者婚姻與家庭的章節中看到自己或週遭人的影子。瞭解治療師如何處理案主的困境正好做為自身的借鏡或是替未來可能面對的問題打預防針。

　　《衝破家鎖》是本好書，讓我們人手一本來閱讀，滋養我們的心靈與人生！

C O N T E

第一部：
家庭的影響與特性
以及氏族的定義

第二部：
克服負擔與障礙

案例 1：我是好老闆嗎？
案例 2：家世背景顯赫，但卻一事無成？
案例 3：成功的女人，還有失意的男人

N T S

嗨！我的家族：尋根溯源之價值何在？

　　這本書談論的是家庭。談論那些與我們有直接關係的家庭成員，也就是我們的父母、祖父母與兄弟姊妹。此外，這本書也談論那些我們不曾相識的家庭成員，也就是在潛意識中對我們造成影響的列祖列宗們。

　　這本書也談論個人本身。談論那些讓我們覺得一切阻礙與毀滅都是自我造成的時刻，或者是那些身不由己的時刻——這麼做會對個人產生不利；這麼做就無法在工作上有所突破；這麼做感情就無法開花結果。然而，這些畫地自限的時刻，我想每個人都很熟悉。多數人在聽到「自我毀滅」這個用語時都可以在心中產生共鳴，而且立刻與特定的情境產生連結——可能是幾年前的一次工作機會，不僅工作內容有趣，薪水也相當豐厚，結果卻不知道為什麼推辭了，而事後竟也說不出個所以然；或是那一段用情至深的感情，最後卻在無意義的持續爭吵之中緣盡情滅；又或是想起自己從前那無疾而終的理想，再對照眼前得過且過、多少受到外界支配的生活。

我在執業過程中經常診斷出多數與自我毀滅及內心障礙
相關的議題，最終都可以追溯到那個隨著世代累積發展而成
的影響——且其與權能及動力有著直接的關係。因為無論在
價值、想法與行為準則上，我們經常在潛意識中延續著父母、
祖父母與祖先對我們造成的影響，代代相傳。

隨著結構式家庭治療方法受到認可且逐漸普及之後，
以及家庭系統排列 [1]（Familienkonstellation）在此種治療方
法中成為普及常識的關係，家庭系統排列變得與我們直接相
關——我們父母對待彼此的行為或是他們與其父母之間的關
係，這些都會對我們的人生產生影響，同時可以為我們所遭
遇的困境與解決之道，還有性格優缺點提供部分的解釋。

無論是我奉行的方法，或是其他像結構式治療與諮詢同
仁所採用的方式，還是那些從事精神分析的同仁所採行的類
似方法，我們都得要往前更進一步探究我們的祖先——也就
是那些生活在前一、兩個世紀的家庭成員們，而他們對我們
的人生與人生抉擇、我們的感受、偏好與厭惡都有著深刻的
影響。我們整體氏族的歷練與規則終究會帶來部份的影響，
這些佔去人類一大部分的人口在過去這數世紀以來與我們結
成鎖鏈，總是扮演舉足輕重的角色並形塑我們的人生。

我在過去二十年針對家庭構成的研究中，以及在工作過
程對家系圖（以圖像描述家譜與家庭系統排列）的實務經驗

---

1. 家庭系統排列是一種心理治療方法，此種方法可藉由分析家族成員彼此此間的關係，找
   出問題的根源後再尋求對應的化解方式，並藉由話語或身體的紓壓來達到治療的效
   果，是一種釋放身心靈的家庭療法。

中不斷地發現，只要我們對於氏族規則有所察覺就能夠啟動強大的變化過程，也能夠排除障礙並時常為心中的疑問帶來一線曙光，像是為什麼我們總是在人生的某些時刻做出一些看似毫無道理可言的決定、犯下相同的錯誤、經歷同樣的障礙、困境或艱辛。我親眼見證許多案主透過完成家系圖而得以從特定的自我毀滅機制中解脫，而且放下糾纏已久又不斷重蹈覆轍的行為模式。

　　因此，我的方法也有別於多數建構式治療教學並著重於接下來的命題──生命中總有一種渴望在背後默默地推動著我們，也就是讓自己在家庭與氏族之中找到歸屬。這種追求親近與歸屬的渴望影響至深，我們也因此要在人生的某部分當中與矛盾共處，不得已經常要為了氏族準則而做出違背個人信念的決定，一輩子都要在不知不覺中兜著這個問題打轉──這麼做究竟能否與列祖列宗的價值、標準與目標相符呢？

　　最明顯的例子就是，醫生的孩子在長大後也成為醫生，但是他們會不會曾經擁有過不一樣的志願？另一種常見的型態是那些身為全家族第一位、同時也是唯一一位受過高等教育或事業有成的女性。這樣的女性經常會感到極度不安並認為自己的成就來自僥倖，儘管事業有成卻要一輩子活在膽怯與防衛之中，甚至無法盡情享受自己用辛苦換來的成就。

這就是許多研究正在探討的「冒名頂替症候群（Hochstapler-Syndrom）」，而這種症候群又特別容易發生在那些出自未受過高等教育家庭的成功女性身上。我在研究家庭動力的工作中總會一再地碰到這樣的家庭系統排列──全家族中唯一接受高等教育的女性，她們總會因為「高處不勝寒（einsame Spitze）」而感到不安，而且常常會覺得自己受到箝制，並且在職涯有機會更上一層樓時單憑「感覺」做出相反的決定。有些人可能真的是因為直覺作祟，而有些人則是不自覺地感到一股無形的壓力，導致他們離家人越來越遠，即使他們只是在日常生活中得到來自父母與家人善意的鼓勵。當自己與其他家人與眾不同時，我們往往會被一種不理性的恐懼影響，擔心害怕自己會因此脫離氏族。

　　這對許多人來說是既令人興奮又合理的觀點，而對其他人來說卻是一個需要時間適應的觀點且又有些不合邏輯。有鑑於此，我將在這本書中先徹底地解釋，就我的見解，氏族中的哪些機制會產生作用，也同時說明我在研究家系圖的工作中不斷重複出現的動力與模式。我將提出自己在執業過程中遇上的眾多案例，也同時加入科學知識和其他相關領域與思想學門以作為補充。我將透過第一部分的三個章節概略地解釋自己在研究氏族、家庭與其相關作用原理的假設基礎。

　　因此，第一章基本上就是在討論氏族結構對於個體所產

生的影響，以及所有氏族中的不變法則——「要是不一樣，就死路一條（du bist anders, bist du tot）。」

　　第二章我們將探討一個問題——為什麼我們常常會出現不確定又不理智的行徑，讓自己被潛在的衝動任意擺布？甚至有時候幾乎會像是身不由己一樣，遇上好的工作機會或吸引自己的對象時卻選擇放棄。我在這個部分也會探討改變潛在行為的方法。

　　我在第三章會先介紹家系圖的原理並針對這個理論的發展提出說明，此外也會說明其於今日的應用。我也會向讀者說明如何描繪家譜樹，並且在未經專業訓練的情況下對自身的家庭有所了解，進而從中獲得有效的動力。另外，我也會介紹自己的具體工作方式以及描述典型的諮詢流程。

　　理論部分就在短短的篇幅中介紹完成，緊接著就是一系列的案例說明（第二部：克服負擔與障礙）。我會透過不同的生活案例探討隱藏在這些典型模式背後的家系圖系統排列，也就是探討個人出身對於職涯與人際關係品質的意義，還有家系圖對於一個人從小到大心理狀態的影響。接著我也會舉例說明收養與重組家庭（又稱繼親家庭）的系統排列對於個人以及家庭系統的影響，還有為什麼某些怪癖與嚴重的問題會在某些家庭中「傳承」給後代，諸如上癮與暴力的行為。這部分也會另闢章節探討我們的父母、祖父母與曾祖父母輩

在世界大戰中的經驗以及其對我們的人生、思想與情感所帶來的影響。

這段透徹的實務部分就是本書的核心所在，其自然也可以幫助各位讀者體會自己的家系圖及人生情境之間不可切分的關係。對於這些根深蒂固的模式有所理解與頓悟之後，就可以大大地幫助我們消弭障礙與某些機制，進而為新行為模式的發展打下基礎。

我將在最後的章節探討擺脫氏族模式的可能性，進而邁向自立自強的人生之道──儘管我們心中明白，比起愛的感受，有時候家庭反而帶給我們更強烈的影響與負擔。

我必須強調一點──我希望自己可以透過這本書幫助讀者們更加了解自己人生至今以來受到氏族形塑而產生的不自主行為與影響因子，進而從中取得更多自由以及從舊有模式之中獨立出來。我們在這個過程中，有時會突然覺得自己的家庭系統排列為他人帶來了不可遏抑的不良影響，而這就是過程中的一個階段，其會隨著逐漸的理解而獲得排解。任何深究這個議題的人不僅會感受到內心獲得釋放，而且也經常會感到更輕鬆、更有活力。因此，我祝福每位讀者都能在閱讀與理解之後獲得喜悅。

致上誠摯的問候

蘿莎・瑞斯史坦納（Rosa Rechtsteiner）

第一部

家庭的影響
與特性以及
氏族的定義

FIRST

CHAPTER 1 | 第一章

系出同源——氏族與我們的關係比想像中還要緊密？

　　前不久才剛滿十歲的魯卡斯（Lukas）有著一雙明亮的大眼，一頭棕色的亂髮，臉上還有點點雀斑，而他的個性相當聰明伶俐。魯卡斯幾個月前剛升上四年級，他之前一直都是一位品學兼優的學生，成績一向名列前茅——雖說聰明伶俐，但他又有些神經質，不過課堂上幾乎所有問題他都答得出來，不管是數學、德語或專業科目都難不倒他。魯卡斯的導師在三年級期末的家長座談會中向魯卡斯的爸媽表示，魯卡斯的實力走文理高中 [2]（Gymnasium）絕不是問題，而魯卡斯與他的父母也都非常開心聽到這樣的評價。然而，魯卡斯的行為卻在座談會後幾個星期驟然改變，而課業表現也開始每下愈況——算數過去一直是他最喜歡的科目，現在卻突然讓他覺得困惑難解。他再也沒有辦法專心唸書，也沒有辦法「一看就會」；德語科目也開始不斷因為粗心而犯錯，而專業科目也幾乎無法參與了。魯卡斯告訴母親，他自己也不知道究竟怎麼了，而他自己也是一頭霧水。他的母親也一樣百

---

2. 在德國，文理高中（Gymnasium）課程內容多以古老語言或是非職業教育內容為主，若要通過高中畢業考（Abitur），這會是一個比較容易的選擇。

思不得其解。她一開始以為自己那聰明的兒子可能是病了，或許是感冒，不然就是病毒感染。後來她又在想，注意力不集中是不是進入青春期的前兆呢？她從身邊很多媽媽那裡聽到類似的症狀。其實魯卡斯的媽媽暗自擔心那會不會真的是因為注意力不足過動症（ADHS）所造成的障礙？畢竟這樣的專注力缺陷症狀已經在他們家族的孩子之中出現兩個確診的案例了。除此之外，這位母親也開始擔心魯卡斯的怪異行徑會隨著達成進入文理高中的資格而愈趨嚴重，因此考慮要讓魯卡斯註冊就讀實科中學 3（Realschule）。

為什麼會專注力不足？

　　魯卡斯與他的母親就是在這樣的情況下來找我諮詢的，而他們正迫切地希望我能對魯卡斯專注力不足的問題提出對應的解決辦法。我打從執業以來經常碰到有注意力或學習問題的學生來尋求幫助，而我一般也都會以諮詢及肌動學（Kinesilogy，又作人體機動學）的方法切入，時不時也會以家系圖和系統性問題為輔。早在魯卡斯與他的母親踏進診間之前，我已經看過、也聽過非常多不同型態的學生生活問題案例，而心中也早有定見──我知道學習障礙與家庭系統排列之間有著相當密切的關係。因此，我在第一次的諮詢中藉由魯卡斯母親的協助建構出魯卡斯的家系圖，圖中可以看

3. 與文理高中不同的地方是，實科中學（Realschule）是為了因應較具實用性的高等職業教育而生，且可以發展的方向也較多：可以選擇高等的職業發展；也可以繼續升學。

出魯卡斯在父母、手足、叔舅、姑姨與祖父母之間的位置，而當中最讓我感到興趣的是這個氏族中，（魯卡斯的）上一輩成員的職業與教育程度。我們在這個過程之中也很快地發現，魯卡斯顯然是整個家族中第一個有機會進入文理高中的孩子，甚至以後還有機會上大學。他的外公與外婆以前在巴伐利亞森林區經營一家小餐館，他的母親可是在勉為其難之下才取得中學畢業證書（Hauptschulabschluss），後來就接受理髮師培訓；至於魯卡斯的父親則是中學肄業，後來就在工地打零工，而他的爺爺與奶奶也都是沒有受過教育的工人。此外，曾祖父母輩也沒有人受過教育，他們就是在森林裡工作討生活的人，而那些比魯卡斯年長的同輩之中也沒有人受過更高的教育。這些人早在小學時期就已經在專心、注意力與成績等方面出現問題了，因此早早就知道他們得培養一技之長。

我們在諮詢的過程之中發現，魯卡斯的家庭系統排列是他心中壓力的來源——身為整個系統排列中第一個，也是唯一一個可以接受更高教育的孩子，這樣的身分讓他自動獨立於其他家族成員之外，而這種潛在的巨大壓力來源有時候就會造成孩子在學校的表現突然下滑——魯卡斯就是活生生的例子。他這樣看似自我毀滅行為的背後動機就是要讓自己盡其所能地留在這個家庭體系之中，絕對不破壞這個家庭在

學校與職業表現的狀態。其實魯卡斯只想要乖乖地在這個家庭之中找到歸屬，因此選擇阻礙自己的個人發展。我向眼前這對母子提出我的判斷——魯卡斯的在校表現就是因為氏族中的這種動能而開始驟然下滑。這對母子在諮詢過程中漸漸地認同這個想法，接著便可從中尋求解決之道。這次諮詢的結果就是我們在這兩個小時中幾乎只專注在家庭系統排列的議題之上，以及其如何有效排除魯卡斯內心原有的限制與阻礙，好讓他從過去的晦暗之中走出來。而那些糾纏魯卡斯的限制與思想就是，「你要是高中順利畢業，那你就不是我們的一份子了。」或「你要是在學成績好，以後又事業有成，那就等於是在破壞家族傳統。」

　　最後，魯卡斯的專注力障礙完全解除了，而現在他在一間地方高中就讀七年級。儘管成績並非名列前茅，不過整體也算是跟得上，重點是他找到了屬於自己的位置，而高中畢業也是必然的。

家規究竟是什麼？

　　我們從魯卡斯的案例中清楚地看見，掌握並正視家族中與我們息息相關的規矩、禁忌與法則是相當重要的一件事情，因為一旦我們熟悉這些與家規相關的牽絆之後，我們才有更多個人發展與成長的空間。知名法國心理治療師安妮·

安瑟琳‧舒成伯格（Anne Ancelin Schützenberger）就認為，我們只有在觀察過自身家族的牽絆之後才有辦法實踐改變人生的可能。她表示，「了解自己的歷史總比逆來順受更好。」

　　然而，家庭牽絆何其多，而潛藏其中的法則又具備著怎麼樣的意義，這就相當值得我們在更進一步的觀察之中尋求理解。這裡所謂的規矩是那些在潛移默化之中出現的規則，而且在口頭或非口頭的情況下持續傳達著，最後一代接一代地傳承下去。這種所謂跨世代傳承的氏族定理與氏族法則都有著相當強大的影響力，而且滲透於先人的知識與經驗之中，包含了我們的父母、祖父母與曾祖父母。因此，氏族中的法則往往都相當強力且明確，而比較各個家族之間的氏族法則自然也會出現迥然不同的結果。某個貴族家族中就有一條家規是這樣的，「凡是任何從事體力與粗活工作的人，就不再屬於這個家族。」換個角度來說，某個手工師傅的家規可能就會是，「工作絕對要腳踏實地，而且要盡可能靠自己的雙手誠實工作。」若提到夫妻關係的經營，那麼在夫妻和諧的家庭中可能就會出現這樣的家規，「為自己找到一段幸福的關係，否則你就再也不屬於我們了。」而若是在一個經常出現破碎婚姻的家族之中，該成員在面對婚姻時就很有可能為了在家族中保有一席之地而出現不同的想法，那麼家規很可能就會是，「想要在這裡找到歸屬，那麼你就必須經歷

一段糟糕又不公平的感情。」

　　這聽來的確極為矛盾，畢竟有些人認為家族中傳承的規則當然是要讓下一代更幸福、更和諧又更富裕才對。儘管如此，人類就是會不斷地複製那些主導著自家體系的規則。我們依循著那些屬於共同歷史的脈絡，因為在那些完全不同又不時藏匿於暗處的家規之中存在著一種法則，而且規矩背後還另有規矩，最終這樣的家規才得以平等的套用在所有家族成員身上。這個規則就是，「我們同屬一體，所以你就要像我們一樣循規蹈矩，否則你就會遭到驅逐，然後自取滅亡。」然而，這種凌駕個人之上的規則（也就是俗話說的「血濃於水」或「虎父無犬子」）關乎的並不是要是家族中有人與眾不同就會被驅逐這樣的殘酷處置。舉例來說，假如小魯卡斯突然去唸高中了，他的家人有可能會以某種方式忽視他或將他排拒在外，但實際上這種事卻不會發生。然而，內心直覺地以為自己會失去家族聯繫的恐懼卻是存在的，這種想法經常會在潛移默化之中讓個人作為減少，好讓自己保有在家族中的一席之地。

石器時代的邏輯

　　然而，為什麼我們就一定需要與人相伴的感覺呢？為什麼我們一定要群聚而居呢？「無法孤立或離群索居是人類生

活的主要需求，人類需要歸屬感以及故鄉的感覺，」社會學家法蘭克・寇伯（Frank Keuper）在其關於經濟體系下的群體機制論著中（《持續性之變革管理》，2007 年）這麼說道。言下之意就是——我們是群居的動物，因此在群體中找到歸屬感是一種本能，我們會在群體生活中體驗到認同與受到保護的感覺。人類學家在過去數十年來就已經明白，人類非常需要與他人在團體中一起生活，而能與他人產生聯繫不僅是一種自在的感覺，更是生存所需的條件，從古到今皆是如此。無論是石器時代的人類，還是現今仍居住在叢林或非洲大草原的部落皆是如此，對他們來說，群居才代表安全，群居才是生活。換句話說，獨自生活就代表著風險，甚至是死亡。演化生物學（Evolutionsbiologie）與人類學目前對此也都取得共識，兩者皆認為人類對於孤獨的莫名恐懼其實是源自人類演化中對於死亡的恐懼。相關的觀察性研究也指出，那些被部落驅逐的個體，最後必須要在荒野中自生自滅，這其實就是一種透過被孤立的死亡方式。換句話說，這些離群之徒並不是因為離群後糧食不足而餓死，也不是因為遭遇猛獸威脅而死，而是一旦離開部落之後，孤獨就是一種死亡。這些人都會認命地以為自己沒有辦法離群索居，而觀察性研究也指出，對於許多已開發國家的人民而言，他們會覺得被社會孤立最起碼的下場也是自取滅亡。我們心中對於群體中的歸

屬感有著一種堅實不變的渴望，而那也屬於我們不變的動機與行為情境（Verhaltensrepertoire）。

「我們對於交際的需求至少有一部分是因為遺傳而得來的。」這是耶魯大學社會學教授尼古拉斯・克里斯塔基斯（Nicholas Christakis）的名言。這位知名的研究學者可以藉由許多研究證明（他針對這個議題進行了多年的系列研究）人類不僅是社會性的動物，而且在價值、時尚與行為準則上都相當依賴親人的看法，有時候也會聽從好朋友的意見。這個觀點甚至可以延伸到人類也經常因為依賴親屬的緣故而染上一些壞習慣，像是吸菸或暴飲暴食都是透過彼此互動而來的習慣。此外，像是運動與健康意識這樣的正面觀念也會在緊密的交際關係（特別是家庭）中得到延續。

人類學與社會學中的相關研究都證實，通常我們對於自己的家庭與家規中的基本法則都不自知，就只是覺得必須在群體中找到歸屬，同時內心也有著這樣的渴望。每當我要對案主提出這點時，我常常都會提到那個打從石器時代以來就存在的本能「要是不一樣，就死路一條。」這句話是我們維持氏族與家庭的重要指導方針。

這種擔心被排擠的恐懼至今一直存在，其對我們的行為與決定所造成的影響有時真的令人難以置信。演化生物學在其他領域的研究則讓人容易理解多了，像是男性與女

性之間的差異（男性負責打獵與採集，而女性則是打理家務）或是逃脫與對抗的本能。無論面對工作或戀愛，我們都知道人體在處於壓力的情況之下都會隨時準備好做出同樣的身體反應，就像是石器時代的人類面對劍齒虎那樣——要不拔腿就跑，要不就是放手一搏。這種演化遺傳的親和動機[4]（Anschlussmotiv）對我們所產生的影響，通常只有在潛意識覺得勉強時才能感受得到：像是參加派對卻不跟任何人說話，並且對人群產生厭惡與反感時；又或是屈就多數意見而非得要「全家族盛大」慶祝聖誕節，其實心中只想要安靜地聚聚就好了，像是小倆口自己慶祝。

　　關於人類如此強烈地受到家規的束縛，以及依賴氏族關係生存的說法，聽起來可能有些不太入時。然而，當我們仔細思考或衡量人生重大決定時，我們就會發現自己到最後不免都會考量家人們會怎麼做，又或是家人會期待自己做出怎樣的決定。我們對於職業的選擇常常會與父母、祖父母，甚至是曾祖父母的職業有些類似，又或者是達到可以相比擬的社會地位。此外，我想每個人都很熟悉那種發現自己在特定關係集群（Beziehungsconstellationen）中竟與父母或祖父母走在類似道路上的詭異感覺。這裡說的不僅是觀察學習這樣的心理學機制，並且還是一種微妙的氏族法則。

　　因此，我們對於「要是不一樣，就死路一條」這句話不能

---

4. 親和動機是指在社會情境下渴望與他人和平共處的內在動力，例如：需要別人關心、認可、支持或是同情等等。

理解成他人有意為之的行為，不過當我們開始注意到這樣的心理動態時，就會時不時地發現，全家族的人其實都被緊緊地栓在這道基本法則上，而且總是乖乖地循規蹈矩。

要是自己與眾不同，又會發生什麼事呢？

通常在這個時候，我就會聽到有人說，「但是有些人明明就跟其他家人完全不一樣啊？」這話一點也沒錯，我也經常碰到像這樣的案主。無論是他們的人生藍圖、期望與成就都與所屬氏族的準則完全背道而馳，而且這些人多半也可以一直過著比其他家人更加快樂又成功的生活。然而，這些人的潛意識中卻存在著某種煩躁不安與不確定的情緒，甚至可以說是恐懼——害怕幸福稍縱即逝或有種自己不配擁有幸福的罪惡感。當許多人在描述這樣的罪惡感時，毋庸置疑地，往往都可以藉由回溯家族的歷史找到這種感受的來源，然後就常常會有人說，「因為我比我的父親、母親或其他家人更有成就，所以我心中有股罪惡感。」或是更簡單地說，「因為我為整個家族帶來不安，破壞了整體的和諧，害大家要受苦，所以我心中有種罪惡感。」

我在這樣的前提之下就想起了史戴凡（Stefan），他是斯圖加特一家小型廣告公司的老闆。這位積極進取又聰明的男人大概將近四十歲，而他在過去十年的努力也為自己打下

相當不錯的事業基礎。他與妹妹都是由單親媽媽一手拉拔長大的，而他的母親當年則是靠著微薄的秘書工作將兩個孩子養育成人。他的父親在離婚後就不曾關心過孩子了，後來因為憂鬱症提早退休，目前住在柏林。史戴凡幾乎也不太跟父親通電話，早在他還在曼海姆大學主修企業經濟時，兩人就幾乎已經斷了聯繫。史戴凡現在不僅事業有成，三年前也認識了一位女孩，他很愛她，兩人也在去年步入禮堂。史戴凡的妻子是學法律的，每天只需要上半天班，而兩人現在也希望能盡快有自己的孩子。這個幸福的景象看似完美，但是兩人卻在蜜月過後不久開始出現頻繁的爭吵。史戴凡突然覺得來自法律世家的妻子那複雜又過份聰明的性格讓人難以忍受，他越來越覺得她氣勢凌人又吹毛求疵，而她則會立刻捍衛自己並退回到女性角色之中，哀怨兩個人其實早該有個小孩才對。兩人之間的紛爭越演越烈，後來史戴凡在我的案主引薦之下前來求助，而他在自述中提到，「我覺得這些連鎖反應都是自己造成的。」他與妻子之間的問題一開始都是一些雞毛蒜皮的事情，結果卻在幾星期的激烈動盪後，兩人現在居然也要考慮分居的問題了。雪上加霜的是，史戴凡有位年輕貌美的秘書，而他現在突然覺得她相當迷人。他當然不想背叛自己的妻子，不過史戴凡卻覺得心中有股動力在驅使自己離開妻子，甚至可能足以摧毀這段婚姻。

　　很多案主都曾描述，這種好日子過不了多久，就會天外飛來一筆想要毀滅一切的內心衝動，不論感情、工作或與朋友的好交情都會突然出現裂痕。很多像是史戴凡這樣的案主在一開始都會意識到自己心裡在與某種情勢對抗，然而一旦紛爭持續激盪幾周之後，往往就難以遏抑了。很多人也許不自知，其實很可能是自己在一開始刻意引發這些衝突的。

　　我們在諮詢過程中很快地建構出史戴凡的家庭系統排列，明白他覺得自己不應該得到成功與幸福的感覺都是來自其核心家庭的影響，因為只有如此才能與這樣的家庭背景相配。他的近親之中沒有人像他一樣事業成功，也沒有人像他一樣收入豐厚。這樣的家庭系統排列就足以讓史戴凡心中一直有所愧疚——面對自己父母那悲慘又艱辛的人生，他覺得自己應該要做些名符其實的事情才對。其實光是事業有成這件事情就已經讓史戴凡心中出現壓力了——自己與其他家人不一樣，自己的成就比其他人都高——如果只有這點他還有辦法忍受。然而，等到他陷入愛河又走入婚姻之後，那種與氏族（尤其是自己的父母）對立的感受就讓他再也無法承受了。史戴凡在潛意識中覺得，若想要繼續擔任這個家庭之中的一份子，那麼他就必須要開始與妻子爭吵並毀了這段感情，最後導向離婚收場的結局才行。

　　我們在另一次的諮詢過程中著手處理那道潛意識中的家

規——「唯有不幸福的感情，才能夠證明我是屬於這個家族的成員之一。」而史戴凡也在這次諮詢中發展出自己的一套認知金句——「**儘管事業有成又幸福美滿，我還是你們之中的一份子。**」這部分我將在實務案例中解釋諮詢工作的流程，而史戴凡與妻子之間的衝突也開始慢慢地減少，最後終於雨過天晴。

　　史戴凡這種看似矛盾的行為——因為事業已經有成了，所以只好摧毀自己的幸福——這種典型的補償反應經常在系統療法中出現——某個人想要為家庭體系重新注入和諧，於是嘗試讓自己承受相當程度的痛苦，好讓自己經歷與父母類似的遭遇。

　　匈牙利知名家庭心理學家伊凡・納吉（Iván Böszörményi-Nagy）是第一位針對家庭系統中的補償性正義與忠誠概念進行研究的學者，其在 60 年代與 70 年代所提出的理論也成為現今家庭系統排列的圭臬。他的看法是，我們的內心是以一種施與受（Geben und Nehmen）的概念在經營家庭，父母親盡其所能地為孩子付出，因此孩子在面對父母時會有一種想要嘗試去彌補的「愧疚感」。就算是小孩也一樣，所有家庭成員的目標就是要在施與受之間取得平衡，因此當某個家庭成員的人生過得比父母還要好時就會出現自我毀滅與不合理的行為，目的就是要彌補心中潛藏的愧疚感。

．

　　史戴凡的案例就是這個理論的最好證明。當他認清內心來自對雙親感到愧疚的影響有多強烈之後，他就可以從那股自我毀滅的吸引力中得到解脫，進而與妻子重修舊好，讓人生更加和諧與安寧。

　　這種認為自己的人生太幸運、太成功又太幸福的感受乍聽之下也許有些稀奇，因為我們會認為「我們不就是希望事事圓滿嗎？」儘管如此，許多心理治療師與心理學者都意識到這種現象，並且都特別在各自撰寫的治療指南與專業書籍中加以討論。知名的柏林心理訓練師佩特拉・柏克（Petra Bock）博士就在她的暢銷書《腦殘》（*Mindfuck*）中提到過這個機制，而來自加州的諮商心理治療師蓋伊・漢德瑞克（Gay Hendricks）也曾經針對這個現象撰寫專書《趁早為自己而活》（*Lebe dein Leben, bevor es andere für dich tun*）。他稱這種現象為「心理上限症候群（Oberlimit-Syndrom）」，並且發現許多人對於幸福與成功都存有一種內在的音障（Schallgrenze）。他進一步指出，人類在生活進入特別美好的階段時，像是賺得比其他人多或是愛情幸福美滿時就會透過一種自導自演的負面感受與自我毀滅的行動讓自己退回到原先習慣的處境，然後再度回到進退兩難的窘境中，不知是快樂還是悲傷，但是他們至少又重新回到從前習慣的境地了。漢德瑞克博士也認為這種退縮行徑的現象追根究柢就是

因為發自內心不想傷害、僭越或冒犯其他家人，於是選擇不幸地留在群體的那一邊。

　　至於我的個人經驗則是，當我們小心謹慎地處理這種關係時，人生就找到一線生機了，而當我們明確地觀察自己的家系圖並理解什麼樣的家族關係引導著自己人生的某個階段、甚至為自己帶來罪惡感或持續想要補償些什麼的時候，那就更加令人豁然開朗了。

　　史戴凡也是這樣——他在一開始時也意識到幸福的愛情與成功的事業顯然是他內心無法承擔的美好，等到開始探究其父母、祖父母與曾祖父母的關係之後，他也明白離婚在他的家族中扮演著相當重要的角色。他的奶奶就是單親家庭長大的小孩，而前幾代中也有許多提早分居的例子。史戴凡的家系圖似乎也預示了他與妻子必然會走上離婚一途的跡象，這樣他才能繼續在這個家族保有一席之地——因為這個家族的成員往往最終的下場就是會離婚。這個家族的規則就是——「凡是孩子步入婚姻，那也代表這段關係就快要破裂了。」如此一來，當史戴凡與妻子開始考慮生育的時候，他們就等於激發了這擁有強大毀滅效果的觸媒，也因此史戴凡才想要拉開降落傘的繩索，好讓自己在那樣的家族邏輯之中繼續存活。如今，這番認知也為他提供進一步的協助。他讓自己面對「擁有自己的孩子」的議題，並且著手清除相關的障礙，而

現在他已經準備好要當爸爸了。就讓我們拭目以待吧。

等等——這麼說的話，我們根本就不能掌握人生嗎？

對父母的忠誠，對氏族的團結以及在行為舉止上盡量以「絕對不可脫離氏族」這樣的準則為考量——許多人第一次面對這種認知時，心中難免會有些意志消沉。每當我在簡報、演講或對我們的培訓成員第一次提到這個機制與模式時，多數聽講者一方面都會覺得新奇並給予肯定，另一方面又不免心生懷疑並問我，「這麼說來，我們根本就沒有自由意志可言囉？」不然就是，「難道我們就不能為自己作主嗎？不能做自己嗎？」我的答案是——我們當然可以自己做主。儘管如此，我認為我們在人生各個不同階段中還是會受到家族關係與氏族連結的牽引與影響，不論是我們的想法或作為都一樣。當然這世上還是有許多像史戴凡這樣的人，他們都為自己建立起與父母或祖父母完全不同的人生樣貌，不然就根本不會有任何改變，也沒有什麼白手起家的故事，也不會有人質疑自身家族的價值觀並從中創造出自己的一條路。

德國耶納（Jena）大學的社會學教授布魯諾・希爾德布蘭（Bruno Hildenbrand），他同時也是家族系統治療的專家，他曾在其著作《淺談家系圖》（*Einführung in die Genogrammarbeit*）一書中引述心理社會學大師喬治・賀伯

特・米德（George Herbert Mead）的一段話，「面臨抉擇的時候，新成員往往會依據歷史來下決定，然而其行為舉止卻不會以歷史為依據。」換句話說，人類總是會找到新的出口，而這樣的出口「事實上」卻與家系圖不盡相符。其實當我們仔細檢視家族歷史之後，多多少少都會在家族歷史與氏族系統排列中找到一些過去不曾注意過的蛛絲馬跡，當時都被視作是次要的事情，而那卻可能是孕育不同凡響事物的時刻。儘管跡象不明，但是新的出口往往都會在歷史脈絡之中找到解答。

儘管如此，那些選擇與氏族不同道路的人之中仍有許多人覺得自己在面對重大決定時都得費上好大一番功夫才行得通，而且潛藏其中的緊張與壓力更是不在話下。這些壓力與負擔在許多案主的描述中都是伴隨著外在的正面發展而來的，像是變得更自由、更富裕或更具影響力。此外，另一項正面發展就是這些人在一開始也必須學習忍耐與接納。現在魯卡斯的年紀還小，或許他長大之後可以在回溯中加以確認，畢竟以他十歲的年紀還無法在有意識地情況下做出任何回應，而就算是史戴凡這樣成功的企業家也是偶爾才能察覺到這些微妙的行徑。

當心中期待已久的進展到來時，或許你也會在一開始就感受到莫大的壓力，又或許你感受不到這樣的動能並開始

在想，「怪了，不是應該會有很大的壓力嗎？我怎麼一點感覺也沒有呢？」關於這種現象的解釋有兩種：第一，你真的不覺得有壓力，那真是太好了；第二，這些機制已經在潛意識中消耗完畢。然而，究竟為什麼這種在佛洛伊德時期就已經過充分說明的潛意識行為至今仍會對我們造成這麼大的影響呢？而我們在日常生活之中又該如何掌握與處置這些影響呢？我們將在下一章回答這些問題。

一切聽命潛意識？
為何未來發展經常事與願違？

　　父母對孩子的期望究竟是什麼？當然，就是期望給孩子最好的，而且是發自內心覺得最好的。魯卡斯的母親也不例外——我們在第一章提到過的魯卡斯，他本來可以去讀文理高中的，但是成績卻在一夕之間一落千丈。這位母親是一位三十五歲的髮型師，打扮總是相當鮮艷又時尚。她給我的第一印象就是好相處又真誠，而她與兒子之間的相處也相當友好自在。她在第一次的諮詢中就表現得有些激動，說話上氣不接下氣，因為兒子在校成績突然變得這麼糟糕讓她內心出現莫大的壓力。就她而言，她覺得自己面對這突如其來又莫名難解的成績退步情形完全束手無策。這件事情顯然就是魯卡斯媽媽在過去這段時間中唯一的生活危機——她沒有辦法好好睡覺，心中總是在擔心這件事情，工作時的壓力也突然比之前更大了。儘管魯卡斯媽媽表面上的感受是如此，不過我好奇的是她內心深處對於兒子目前遭遇的潛意識感受。

　　目前在人體肌動學診所普遍採用的壓力與潛意識中緊張

程度的診斷方式是喬治・古德哈特（George Goodheart）博士於 1960 年代所倡導的一種肌肉測試：這種測試多半都是檢測受試者的上臂肌肉反應——受試者將手臂向前伸直，接著以特定語句進行檢測。舉例來說，「我家小孩在校表現優異，我覺得這樣很好。」接著檢測者將受試者的手臂向下壓，要是手臂下沉，那代表這句話在受試者心中產生了壓力；反之，要是手臂高度維持不變，那就代表身體沒有什麼壓力反應。我想藉著這個機會說明一下，身為專業的人體肌動學專家，我個人對於採用這個方法測試壓力與心理危機有著相當豐富的經驗，而我經常將肌肉測試中受試者在面對特定問題與語句的反應作為判斷的初步依據，以及觀察受試者在家系圖中面對不同關係與壓力時的內在反應。

　　我在第一次的諮詢時間中提出不同問題來測試魯卡斯媽媽，而這些問題都與她的家庭系統排列有關。這位母親在面對「我的兒子在校成績優異，對此我一點問題也沒有」這個句子時出現極度的壓力反應——她的手臂一壓就立刻下沉；接著在面對「我兒子成績變差，現在沒有辦法讀文理高中了」這個句子時，她的手臂反而在下壓時維持不動，也就是說身體在這樣的家庭結構（認知）中出現既無壓力又冷靜的反應。經過這個測試所呈現的許多線索當中，最顯著的就是魯卡斯媽媽在面對兒子學校成績退步這件事時，憂心與痛苦是有意

識層面的反應，但是這個狀況在她內心深層的潛意識層面中卻是一種慰藉，而且對家族系統而言，這才是「正確的」情形。因為假如魯卡斯不去讀文理高中的話，那麼家庭系統就不會因此改變，所有人都會維持在工人階層上，就算要念書的話也頂多是專科學校，這樣受到認可的系統才能夠延續下去——這位母親就不用擔心自己的兒子會脫離氏族的常軌了。魯卡斯的成績優異，讓他有機會從這個家庭系統中脫穎而出，這件事反而為她與其所屬的家庭系統帶來這麼強烈的壓力與恐懼。

　　任何像是魯卡斯媽媽這樣的母親，在聽到自己的壓力來自於有可能讓他們的孩子脫離慣常系統的優良表現時，她們一開始都會覺得相當不舒服。她們會覺得自己是良心泯滅的母親，覺得自己虛偽或太過神經質。不過，這真的完全是兩碼子事。其實這多半是因為魯卡斯媽媽這樣的母親在潛意識中都遵循著家族系統的邏輯行事，同時也試著讓孩子在學歷與成績上承襲家族固有的傳統。因為只要有人與眾不同，那就會被棄置在危險之中——那是潛藏在我們所有人內心深處的生存準則（請見第一章）。只要魯卡斯能夠留在她的身邊，人生藍圖也與她相差不遠，那麼就可以為她與氏族中的其他人解決困擾了。最好的情況就是學個一技之長，就像他的父親那樣當個沒有學歷的工人就好了。若是如此，那麼所有事

情都會「一如往常」，並且讓家庭系統維持在平衡的狀態中。然而，魯卡斯媽媽這類的母親感受到的卻不是如此，因為她們不能接受孩子的成功或者不是真的願意讓孩子得到最好的——複雜的家庭力量與忠誠度、團結與調節平衡往往在潛意識中緊緊地糾纏著她們。我在實務經驗中得知，許多母親在孩子出現症狀時，她們的確是焦急如焚，不過那些卻都是可以穩定家庭系統的症狀。當我花越多時間處理同一位案主的問題時，我就越能夠清楚地看見氏族系統排列在潛意識中造成的威力與影響。我認為我們可以藉此在潛意識的概念上獲得更進一步的啟發。

潛意識的新觀點

自從佛洛伊德在一百多年前發展出潛意識的概念並介紹給世人之後，我們對於這個概念其實已不再陌生。正因為潛意識的衝動、本能以及需求存在，因此除了外界看到的自己之外，我們還有陰影下的那一面，其中存在著我們時不時可以感受到的恐懼、殘暴與慾望，這對現今的我們而言都是一種常識。現代人都很清楚，我們的思維、感受與意欲往往都只是冰山一角，而隱藏在海面下的往往是完全不一樣的動機、行為企圖與需求。

正因為我們已經將這些潛意識的畫面完全內化了，所以

就算是一般日常生活的景象也可能透露著蛛絲馬跡。當我們
在犯罪心理電視劇中觀賞警探偵訊一位看似侷促不安又毫無
威脅性的牧師是否與修道院命案有關時，那就會立刻觸發我
們內心的業餘心理學常識，所有觀眾會立刻對他起疑心，因
為他的外在如此溫和，因此內心很可能蘊藏著暴力的無底洞
或是抑制慾望與衝動的理智線在當時突然斷裂。我們當下就
會知道，這位牧師一定會立刻被列入嫌疑犯名單。其實現代
人能夠意識到壓抑在心中的慾望與衝動是一種相當可貴的進
展，而我們也經常以為可以看到潛意識的全貌。其實不然，
畢竟多數人並不了解自己一生中究竟有多少經歷、抉擇與轉
折是完全在潛意識的操弄下進行著。正因為如此，我在從事
與家庭／氏族相關的工作中更是一再地發現，潛意識為人生
所帶來的影響遠比我們壓抑在心中的慾望與衝動還要更強
烈。

　　我們往往可以藉由建構家系圖清楚地看見氏族地位與「層
次」是如何將家族成員與特定的社會氛圍束縛在一起，其中
像是遭受極不平等對待的經歷或是來自過去世代的罪過，還
有內心對父母、祖父母以及曾祖父母的忠誠是如何為我們的
生活帶來影響，甚至決定了人生的方向。當案主在我這裡開
始建構自己的家系圖並逐一探究氏族為其所帶來的影響之
後，我常常都會在第一次或第二次的諮詢時間聽到這句話，

「我現在終於明白自己的人生為什麼會這樣，我也可以看出接下來一切的走向了。」換句話說，許多案主也強烈地意識到家族為其人生帶來的影響。因為在更進一步地探究家族淵源之後，他們終於可以看見家世為其人生打造的藍圖了。

擺脫不掉的紀念日症候群

關於一個家族的系統排列會對家族中的成員在人生路途與健康上帶來什麼樣的影響，這部分我們將在後面的章節中詳加討論——現在讓我們感興趣的是一個家庭中究竟會有哪些典型的模式與影響。換句話說，潛意識對於氏族的連結究竟會有多強大，我也將在接下來的部分舉出一些特殊的跨世代現象為例，也就是所謂的「紀念日症候群（Jahrestag-Syndrom）5。」這個概念是由精神分析師兼家系圖研究專家安妮・安瑟琳・舒成伯格所提出，同時也是她當年在尼斯大學研究十多年的成果。舒成伯格描述其在建構病患的家系圖時總會一再地發現諸多驚人的同步與巧合，而這些同步與巧合又尤其與年齡相關——像是某人結婚的年齡、生病或死亡的年齡，或者是事業上出現重大轉折的年齡。這麼說好了，某個家庭的祖父在二十七歲那年死於沙場，而他的孫子就會在這個年紀時生重病；或者是姑姑在某個年紀的某個月份因為意外導致終身要以輪椅代步——結果姪女也在同樣的年齡

5. 譯註：這裡所說的「紀念日症候群（Jahrestag-Syndrom/the anniversary）」又稱作「先祖症候群（the ancestor syndrome）」，有別於創傷症候群中的紀念日症候群。內文的紀念日是指家族中特定的日子或會重複發生一樣事情的特定年紀；而創傷症候群中的紀念日症候群則是指像是 921 大地震或 911 攻擊事件之後，存活者在這個日期會出現不愉快的感受。

時經歷一場意外，造成一段時間的行動不便，甚至連月份也不謀而合。舒成伯格的研究以一千名患者的家系圖為樣本，而結果總是不斷地導向同一個方向。「潛意識似乎擁有優越的記憶力。」舒成伯格在其著作《喔，列祖列宗啊！》（*Oh, meine Ahenen*）中這麼說道。潛意識特別喜愛親屬關係並藉著複習特定日期或年齡的方式來記錄生命週期。

我在工作中也經常見識到紀念日症候群的作用，看起來就像重要的人生事件在同樣的時間點上巧合地出現。三十一歲的提莫（Timo）前不久來找我求診，因為憂鬱症彷彿突然纏著他甩也甩不掉。他的情緒低落，憂鬱不已，甚至再也沒有辦法入睡，半夜只能在街上徘徊，直到他陷入崩潰，再也沒有辦法工作——他是一家大企業的專員。他先尋求諮商心理師的協助，結果請了好幾個星期的病假，並且在接下來幾個月中開始服用藥物，好讓他慢慢振作起來。他在復原期間經過轉介於是找上我，顯然是想從自己的家庭系統排列中找到合理的解釋。我在與提莫一起建構其家系圖時發現，他的家族中有不少成員罹患憂鬱症，甚至他的父親在早年也曾經因為重度憂鬱症而在精神病院治療了好幾個月。提莫當時只有五歲，而當我們回推計算之後發現，他父親當年正是三十一歲——與現在的提莫同年紀。眼前的情況彷彿像是提莫想要藉此展現對父親的支持一樣，因此就在與父親當時同

年的情況下經歷這樣的煎熬。當我們推斷出這樣的結果時，提莫嚇得目瞪口呆，而多數案主在發現自己的生理情況與過去某位家庭成員並行時都會出現這樣的反應。此外，就提莫的案例來說，不僅事發時的年齡完全相同，就連身體出現的狀況也完全一致。他之前完全沒有朝這個方向想過，甚至完全忘記父親的人生中也曾經歷過憂鬱症的階段。這樣的不可思議往往也意味著，家庭中的轉捩點、危機、精神創傷與改變是如何深深地在我們的潛意識之中被上了鎖。其影響竟是如此準確，甚至可以拿錶對時並精準地預測其再次發生的時間點。

踏上先人的腳步

　　跨世代的行為傳遞作用為什麼經常會如此精準是至今仍然無解的一件事。我也經常在工作中體驗到可以與此相比擬的機制：我們一再地發現自己在氏族中承襲其他成員的規劃，並且在面對人生道路與抉擇、職業、感情模式以及怪癖上受到的特定影響都可以與先祖、先烈們產生連結。家系圖中可以一再看見的兩大重要原則分別是：

　　1. 團結（Solidarisierung）：孫子輩或者是現今成年一輩
　　　　中的家庭成員展現與上一輩團結一心的行徑，為了家
　　　　族繼承了父親的特殊職業或是承接了家族中總是不斷

浮現的問題，諸如酗酒或是在感情關係上有著特別熱
切又持久的傾向。

2. 補償（Ausgleich）：要是家族成員中，好比祖母打破
傳統成為家族中唯一一個上大學的女人，那麼就非常
有可能出現另一位聲援祖母的孫女去唸大學。其後年
紀更小的孫女就很可能朝著另一個方向發展，好讓這
失衡的狀況恢復平衡。她會像氏族中其他女人一樣成
為一位家庭主婦，待在家中相夫教子。

我也常常碰到一種情況是，案主將團結與補償兩種原則
同時參雜在一塊兒，這種案主的人生就會處於一種矛盾情結
之中，時而出現其中一種原則，好比「心懷大志唸大學」，接
著又出現另一種原則，好比「待在家好好照顧小孩」。兩者不
分上下地接連出現。因此，一個女人可以先在事業上展現出
雄心壯志，然後在小孩出生後放下工作並待在家裡一整年，
完全沉浸於家庭階段之中，甚至也許就此進入母親與家庭婦
女的角色。這種例子中的矛盾情緒勉強還算可以忍受——至
少可以證明，這兩種強烈又不同的人生階段是可行的。

我在這個部分還想到另一個企業家女兒的案例，她因為
「繼承父親的家業」而也成為了一位女企業家。這位女性所
展現的成功、睿智與事業心，完完全全足以作為承接父親人
生的「候選人」，兩人團結一心。然而，當她來找我諮詢並抱

怨同事不把她當一回事、「無視」她的存在，甚至認為她「完全無法勝任」她的職位，而且這樣的事情總是會在她不同的人生階段中一再地發生。談話至此，我心中也有了答案，這位女企業家顯然只對父親表現了一半的支持──她另一半的心思則是忙於對沒有唸大學的母親與祖母做出補償的行為。這兩位女性過去都生活在上流階層的氛圍之中，家中有好幾位傭人，而她們就是那種「敏感又浪漫的女人」。當這位女企業家在諮詢過程中明白這些事情之後，她就下定決心不再繼續扮演同事眼中那「模稜兩可」的角色，而是穩穩當當地坐在女企業家的位置上。

上述的原則是最基本且最重要的部分，不過家系圖與家庭系統中尚有許多強而有力的影響因子存在，而我們也會在接下來的章節中逐一提到這些部分。這個觀點也意味著，許多規則與模式都是具有觀察價值的。而每個家庭之中往往存在各自獨立的規則與模式，而且通常也是無法一目了然的。

無法滿足的渴望

我在本章一開始時提到魯卡斯媽媽的例子，她在潛意識中的意欲完全與外顯的意願相悖──她當然想要讓孩子擁有好的學歷，不過當她得知這樣的改變以後可能不會出現在家族之中攪局時，心中又頓時輕鬆了許多。看似想要，其實又

不想要──這種矛盾的內心衝突模式一開始令人很難理解，不過這種機制往往是相當容易掌握的切入點，有助於我們探究自我潛意識與其機制的運作方式。

　　當我們檢視個人偉大的心願或計畫時，往往會發現一些無法被實現或推行的鴻圖大志。這些內心渴望，像是發大財或是維持一段幸福美滿又穩定的關係，往往都是氏族的經驗世界中前所未見的事情，或者在某種特定的指標下被視作禁忌。

　　當人們以這個視角檢視自己那些難以達成的雄心壯志與問題時，很多人都會開始覺得自己的家庭之中確實存在著一些未知的阻礙或禁忌。有的人也許會發現，儘管自己多麼渴望擁有一段感情，但是氏族之中卻存在著這麼多不幸福的例子，像是好姻緣與真感情在戰亂或死亡之中崩解，又或者是父親一直都是一個不負責任的人。又或者當我們提到金錢這個議題時，很多人會察覺家族中至少有某一部分的成員跟錢與財富是八竿子也打不著邊的，像是賠錢或是家族原本很有錢，結果之後卻諸事不順、一路走下坡。

　　金錢這個議題往往看起來又特別戲劇化，因為氏族經驗就像是內建在體內的羅盤一樣默默地主導人生。當家庭系統排列的潛在禁忌內化之後，人一旦坐擁財富就很可能會失去那些獲贈或贏得的財富。樂透中獎者的行為就是探究這個

領域的良好例證。許多人在贏得樂透之後的人生反而不如以往來得好，多數中獎者最終會失去那些財富，然後在多年之後重新回到原點。德國社會學者暨樂透研究者馬克・盧特爾（Mark Lutter）在接受《世界報》（Die Welt）專訪時也針對這項議題的相關研究提出看法並表示這些中獎者面對「億萬錢財所帶來的問題——也就是自己根本沒有準備好要變成百萬富翁，也欠缺與富裕匹配的習性與能力。」另一項研究也指出，樂透中獎者在中獎之後會有一段時間處在幸福的境界，而那樣的幸福與意外受害者之間並沒有什麼區別。因此我們才會常常聽聞一些個案軼事提到中樂透的大富翁不僅不再幸福快樂，而且還把所有獎金都花光，甚至與朋友決裂，有些人還因為受不了這樣的壓力而染上毒（酒）癮或出現其他毀滅性的行為。這些人單純就是無法勝任富裕的人生新角色。

　　我們也可以發現那些因為樂透一夕致富的人往往都是來自不甚富裕的環境，而且他們藏在心中的人生標語就是「想要有錢就要努力付出」這句話。換句話說，突然可以「不靠努力」就致富在這樣的氏族中不僅是難以想像的情景，甚至根本就是一種禁忌。我的命題中所討論的樂透大富翁不僅是那些看到財富就會手足無措的人，他們心中甚至會很快地衍生出罪惡感，或者至少會隱約地覺得發生在自己身上的事情「有

哪裡不太對勁」。這種罪惡感的出現其實是人們內心對於這樣極具風險或自我懲罰的行徑而產生的補償作用，或者藉由交出與分享自己的財富，也就是所謂的花錢消災，讓自己多少能夠從心中那與金錢相關的罪惡感中獲得解脫。

　　然而，究竟是發生了什麼事情呢？樂透中獎者突然超越了氏族中的所有成員，卻再也找不到歸屬感，甚至有種「被驅逐」的感覺。因此，他的心中就會開始企圖做到所有「補償」的動作並把那些獎金通通花掉，再不然就是讓其他人分享這樣的財富——然後就在不加思索的花費中將獎金快速地消耗殆盡。

　　正因為目前為止所討論到的都還只是關於錢財這件事情，所以有些人會覺得相當矛盾——當某人成為家族之中唯一致富的人後，他內心深處的潛意識就會浮現出罪惡感。這種人得以因此在一天之內晉升到另一個社會階層之中，一夜之間就成了新富階級的一員。其他家庭成員會有意地衷心給予祝福，一夜致富真棒——而氏族內在的疏離感與那種「這樣絕對不會有好下場」的感受卻是無法抹滅的事實。

　　這樣聽起來真的滿悲哀的。難道我們真的完全沒有辦法從自己的身世與其中承襲的家族法則中脫身嗎？我經常面對一些受到至深影響的個案，而我也不禁要質疑，難道如此極端的後果是無法避免的嗎？精神分析專家安妮‧

安瑟琳・舒成伯格也認為我們應該嚴肅地看待上面所提到的這種動力，她也在提到上述案例時以「階級精神官能症（Klassenneurose）」稱之，也就是當家庭成員踏出原本所屬的層級或階級，並且感覺自己離家族的庇蔭太遠時，他們就會進入這種抑制性的動力之中。

如前所述，這種潛意識中的規則確實對我們的思考、認知與理解造成格外強烈的影響。然而，這也可以幫助我們提高對這種動力的意識，並且參與它發生的過程，尤其是在我們經歷任何不可思議的好運、升官發達或人生出現良好發展時都不會忘記問問自己，誰可能會與此意見相左，然後藉由家系圖的協助來做些改變。

CHAPTER 3 │ 第三章

從方與圓中一窺家系圖研究的奧秘

　　無論是臨床治療或諮詢的情況，家系圖在業界的應用已經有數十年的歷史了。早期繪製家譜樹是家庭醫學中相當普遍的工作——透過繪圖的方式呈現家族中各種代代相傳的疑難雜症型態，以及家族之中出現的個案病史發展。家系圖的應用也快速地蔓延到其他臨床治療的領域，甚至在過程中繼續發揚光大，而其所運用的符號也在今日成為所有領域與不同治療學門的基礎。凡是需要透徹掌握家庭關係的時候，家系圖便成為不可或缺的工具。

　　儘管如此，心理分析師、家庭諮詢師或（家庭）系統治療師在運用家系圖作為輔助時也有相當顯著的差異，甚至可說是大相逕庭。若要在此詳加區別，那麼就會超出本章的範疇了。不過我在後面還是會針對這些差異稍加說明，並且在基礎上進行討論。

　　我們在進一步探究之前必須先釐清一個問題 —— 我們究竟為什麼要繪製家譜樹？「家系圖可以幫助心理治療師認識一個家族，家系圖有助於提高讓我們找到該家族門

檻的可能性。」家庭諮詢師莫妮卡‧麥戈德里克（Monica McGoldrick）這麼回答，她同時也是家系圖研究的先驅。麥戈德里克在其相當值得推薦的著作《家系圖的應用——家庭諮詢》（*Genogramme in der Familienberatung*）中提到這種圖像式的製圖「可以提供不同的系統觀點，讓我們可以藉此在時空交錯的情況下探究特定家族問題的背景。」如此一來，錯縱複雜的跨世代樣貌就可以透過圖像而簡化，同時也可以呈現特定主題的諸多向度並顧及家族中不同的關係與影響。

　　家系圖也被認定是一種呈現「整體家庭背景與描繪家庭型態的速記方式。」

　　至於繪製家系圖所使用的符號，各家應用不免會有些許差異，我將接著介紹一些最重要的符號。

- 圓形：代表女性
- 正方形：代表男性
- 三角形：性別不明
- 在框框或圓圈上打叉：代表該成員早逝，通常會在上面標註忌日
- 連接線：兩者結婚
- 虛線：兩者常年在一起，但是沒有結婚
- 劃掉的連接線：分居或離婚（有時候會用兩條線代表

離婚）

- 曲折線：兩者關係緊張
- 一條線後接著兩個人：雙胞胎
- 家系圖上的大圈圈：這些人同住在一個屋簷下

　　繪製家系圖還會使用到許多不同的符號，不過上面提到的都是最重要的符號，同時也是我們會在家系圖中不斷重複使用的符號。

　　下面是一張無區別的家系圖範例，也可以說是標準的家系圖。

無區別家系圖

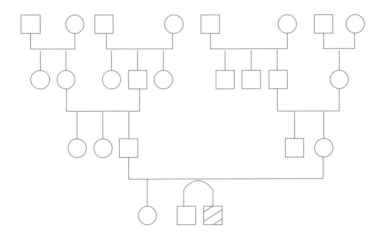

　　這張範例圖所呈現的訊息中最清楚的就是——同一階上的成員顯然就是同輩的關係。為了要掌握歷史條件為某個年代或特定時期所帶來的影響，有些諮詢師也會將各個世代成長的歷史年份註記在上頭，這樣一來就可以意識到圖上這些成員的成長環境與條件，尤其是成年及養兒育女的年紀。

　　接著就會依據各種不同的問題而從不同觀點來觀察家系圖，像是工作困境或某種成癮是否是「世代相傳的」問題，亦或是金錢、財富或感情關係是否在某個人的人生中扮演著特定的角色，任何與特定對象的相關訊息都會特別註記在家系圖上。

　　我想要藉由這本書說明自己觀察氏族與其動力所獲得的經驗，以及最常出現在我案主身上的家族影響力。我必須在此再度強調，對於氏族可能帶來的影響力，這本書可以提供讀者們相關的指引、見解與概觀。然而，這本書並不能夠作為想自己在家透過家系圖為嚴重問題找到根本解答的指南，這種情況最好還是透過專業的諮詢與治療去解決。發生特定作用的動力以及重複發生的特定型態，我們不管怎樣都可以藉由這個方式有所察覺並找到蛛絲馬跡。

家系圖的可能性與限制

　　莫妮卡・麥戈德里克在其著作中相當中肯地表示，繪

製家系圖主要是讓我們有機會看到家族結構與歷史截然不同且完整的樣貌。我們對於探究自己的氏族與家譜總是帶有濃厚的興趣，而一般人也開始覺得家庭研究逐漸受到大眾的重視。假如上谷歌關鍵字查詢「系譜學（Genealogie）」，也就是宗族研究或尋根，那麼就會立刻出現超過一千一百萬筆搜尋結果。印入眼簾的是數以萬計的資料庫與輔助網頁，任君選擇。

　　這項研究與家系圖諮詢工作當然隸屬於完全不同的領域，而該研究一方面也點出諮詢工作的限制所在，關鍵就在於案主在面談時對其身家的描述——假如案主本身沒有客觀地研究過自己的家族；亦或對於家族的基礎資料不清楚或是只有來自雙親一方的以訛傳訛，而沒有與不同的家族成員討論家族中的祖先，也沒有從尚在世的長輩那裡聽到過去的故事，那麼這種案主對於氏族與其產生的影響也就只有模糊的印象。因此，諮詢師就必須要謹記一件事情，也就是案主在建構家系圖時所提供的資料究竟是一時興起想到的呢？還是本身對此議題就已經有所掌握了。我的診所中有許多案主是在毫無準備的情況下前來諮詢的，因此對於家族歷史的理解肯定就會存在著許多盲點，所以我們也要從中意識到一件事情，就是部分在諮詢過程中回想起來的細節也不一定是「真相」的全貌。除此之外，關於那些自己所知甚少

的家族人物，也很可能是因為非關個人而受到忽略。布魯諾・希爾德布蘭在其著作《淺談家系圖》（*Einführung in die Genogrammarbeit*）中明確地對此表示，「個案處理時可以從家系圖資料中無法回想起的真相去推敲該資料其實並不重要。」希爾德布蘭與其研究團隊甚至在家系圖的研究中另闢章節討論這個部分，他們記錄受試者臨時想起的家系資料，接著研究並考究該資料，最後再與最初的紀錄相比較。部分受試家族在其描述中所出現的盲點或錯誤記憶在很多情況下都可以為家族問題找到解答的軌跡。

　　家系圖的工作限制就在於案主本身對於家世不清不楚或是僅能提供模糊的資訊，而家族中也沒有人可以提供氏族的概要，也沒有人真的對於那些顯著的影響力有任何印象。然而，這也不代表無計可施。只要我們記得以下這件事就好了——那些在第一次家系圖諮詢工作時所提到的事實，往往只是家族的輪廓而已。

家系圖中的週期型態——不同的觀點與處理方式

　　家系圖工作的另一項重要議題當然就是——究竟能不能把家系中的週期型態視為理所當然？舉例來說，布魯諾・希爾德布蘭這類的家庭系統諮詢師認為就算家系圖中老是出現周而復始的系統排列，他們還是會將各個家系視作個案處

理，儘管他們可以從中感受並推演出系統排列所帶來的不同影響，但是這些治療師並不想要被任何公式與法則牽著鼻子走。「數學是由代數主導計算步驟，有固定的公式，就像是一個家庭中最老的人絕對是擔任發號司令的人，而務農家庭是一種父系的結構……這在家系圖的工作中所代表的意義非常侷限。」布魯諾・希爾德布蘭在說明其機構 (診所) 中的家族系統治療師的工作時這麼說道。這一學門的代表人物在處理個案時也會按部就班地先從最年長且重要的祖先那一代看起，接著再針對各個成員、每段婚姻以及各個世代著手。他們在研究整個家系之前會先試著掌握各個成員之間的關係，這樣也比較容易針對每個家族各自的型態與疑難雜症提出進一步的說明。

　　莫妮卡・麥戈德里克在其家庭諮詢的家譜圖工作中做了截然不同的嘗試，也就是找出不同的系統排列與型態並清楚地呈現在讀者眼前。這位心理治療師也在研究中提到許多不同知名美國家族的家系圖，其中包含了赫本（Hepburn）家族 [6]、甘迺迪（Kennedys）家族、方達（Fonda）家族 [7] 以及羅斯福（Roosevelts）家族。她在其廣博的著作中開門見山地說，「正因為熟悉的型態可能會一代傳一代，所以我們應該要持續檢視週期的型態。」

　　當我們觀察這些迥然不同的方式時自然會明白，這是由

6. 譯註：此指美國女演員凱薩琳・赫本〔Katharine Houghton Hepburn〕
7. 譯註：美國知名演員亨利・方達〔Henry Jaynes Fonda〕

不同的觀點與治療學派所造成的差異，端看我們對假設型態
以及家系圖中的週期規則的依賴程度而定——以及個別方法
的參考程度。儘管諸多不同心理治療學派都採用相同的家系
圖方法，我們至少可以得知，當前的問題還擁有各式各樣不
同的處理方法及觀點。

補充說明我的工作方式

　　為了讓諸位讀者更能夠理解我的觀點以及我對現存學派
的整體看法，我也很樂意在此提出幾項基礎重點，以幫助讀
者區別我與其他學派工作方法的差異。

1. 誠如第一章所述，我相信人類與氏族及家規之間的關
   係遠比我們一般假設的還要更加緊密。我也認為「要
   是不一樣，就死路一條」這句話對我們而言就是某種
   形式上的警告或潛意識中的定理。關於這項看法的來
   由與臨床上的經驗，我都已經在第一章提過了。我當
   然沒有辦法預知這句話會對個體帶來怎麼樣的影響，
   不過這句話肯定會在氏族中形成一種行為模式並進而
   形塑我們的人生。

2. 我將在接下來的實務部分提到一些家系圖系統排列的
   案例，而這些在我的經驗中都是些典型的案例。也就
   是說，我就是透過這種方式與無數案例來著手處理這

個主題，並由此發現這些<u>型態</u>確實會不斷地發生，而我們也「可以」因此將之視為經驗法則。我與莫妮卡・麥戈德里克在這個觀點上為同道中人，我也認為點出影響氏族的型態是極有助益的方式。因此，我自然不會、也沒有辦法遵循那種在任何情況中都一定會發生的規律性，畢竟人生而不同。

3. 我的工作方法是將與能量工作[8] 有關的家系圖整合進諮詢工作中。這是我自己發展出來的方法，而我也經常驚嘆這種工作方式竟可以有效地解決氏族與家族體系中的能量阻礙。這種方法論過程與絕大多數以系統問題或單純以面談方式進行的心理治療學派大不相同。

4. 我在這本書中會一直引述心理分析師安妮・安瑟琳・舒成伯格的觀點與看法。這位定居在巴黎的心理治療師有許多與家系圖相關的工作經驗，而她的論點與我的工作原則及經驗也有許多不謀而合之處。我也要在這章的結尾引述她著作中的一段話，因為這段話也呼應了我的工作觀點，「假如我們進行個案治療時沒有掌握整個家族的關係，也沒有試圖理解家族中一代傳一代的反復行為時，那麼這種治療其實就不會有什麼成果……若人們想要藉此獲得真正的改變並持續下

---

8. 能量工作是家系圖治療中會使用的一種治療方式，治療師會請患者用某種激勵人心的話語來提醒自己，以提升內心能量。例如：「就算我......我還是這個氏族的一員。」

去，那麼家族體系以及社會與職業體系就必須要允許
這樣的改變發生，也就是允許人們改變內心的信念。」

我的工作──實務觀點

為了讓各位讀者對於我的工作實際樣貌有更清楚的理
解，我將在此稍微說明一下諮詢流程的進行方式。每次的諮
詢都是一小時，多數案主都是獨自前來，而我有時候會與家
長及小孩一起諮詢，偶爾也會有團體諮詢，像是企業團隊或
整個部門。

重要的是，每次諮詢都會分成兩個部分：第一部分是帶
著案主一起完成他們的家系圖，第二部分就是能量的壓力釋
放。

第一部分：我在面談中會先與案主釐清其前來求助的案
由，看是工作中出現一再重複的障礙，還是私生活中發生了
什麼樣的衝突。接著我就會與案主一起架構家系圖，基本上
以三代為主，有時候也會超過四代。然後我們就會一起觀察
（我將在本書的第二部中針對這個部分的流程詳細說明）家
族中有哪些動力可能與當前問題相關，而又有哪些氏族規則
已經深植案主的心中了。這部分主要是想釐清家系圖中出現
的影響力，好知道哪些確實與當前問題相關。假如可能的話，

我就會總結一些特定的氏族規則，其中像是「女子無才便是
德，因為我的氏族中還沒有任何女人受過高等教育。」我們
通常都會在第一部分結束時找到許多像是這一類的潛規則。
案主可以藉此認識自己及其氏族的新面貌，並且看到那些造
成壓力與阻礙的家族真相。

　　第二部分：這部分主要是幫案主解決與家規及動力相關
的壓力，並且提供能夠消除阻礙的能量。透過肌動學與身體
工作（Body work）[9]中不同方法的協助來緩解內心與情緒的
緊繃，而我在這個部分也會提到人體中能讓能量恢復的各個
穴道。這部分通常不會花太久的時間，不過多數案主在治療
後都會覺得非常舒暢。其中混雜著各式不同的方法，像是肌
動學、應用心理學與應用肌動學等等方法都成功地突破了原
有的框架。我將在接下來這部分探討關於能量工作或能量的
壓力釋放。

　　儘管每次的諮詢情況都不一樣，而每位案主的問題癥結
點或情緒水平都大不相同，諮詢流程都一定會切分成這兩個
部分進行。

---

9. 譯註：身體工作（body work）包含物理治療（Physcial Thearpy）、整脊學（Chiropractic）、
　　整骨學（Osteopathic）及按摩療法（Massage Therapy）。

第二部

克服負擔與
障礙

SECOND

CHAPTER 4 | 第四章
您的情況又是如何？

　　我在本書第一章中已經描述過那些支配家族並為我們的人生帶來影響的潛在驅使及心理動力。除此之外，我也提到了氏族，並且說明在心理學與人類學的觀察中，氏族與我們之間存在著如此重要又驚人聯繫的原因。因此，我關心的便是各位讀者朋友是否可以透過這樣的方式了解，我們為什麼需要觀察自己的家系圖並知道究竟是那些力量對我們造成影響。本書的第二部分將著眼在家庭系統排列與家系圖結構對於特定生活領域與情境造成了哪些常見又深遠的影響。無論是關於擇偶條件或賺錢方式，還是關於工作上的衝突或親子關係上的問題，每個人的氏族都會對所有人生議題與生活領域帶來決定性的影響，而這些都與來自父母、手足、祖父母與曾祖父母的連結及潛意識的設定有關，也與我們對其經歷的理解有關。

　　我在接下來的章節中將會提出更多完整的案主案例及原型家庭案例，藉此強調各個相關的主題領域及典型家系圖架構，而我也會以圖像的方式呈現這些家庭成員的家系圖。

我會在這些複雜的家譜樹中針對當前問題找到一、兩個最重要的系統排列。當我在診間進行個案諮詢時，我通常會指出更複雜的動力與影響給他們看——因為那些細節往往都會激起案主心中的迴響並讓他們對自己的人生型態有所領悟。然而，這種相當個人化的方式已經超出我們討論的範圍了。

另外，我要先強調的就是，那些在不知不覺中產生影響的家庭糾葛及滿布心中的緊張或壓力感對我而言是非常重要的。各位讀者很可能在閱讀過程中發現與自己家庭極為相似的家庭狀況並因此產生共鳴，好比父母也一樣早逝或是妳也是家族中第一個接受高等教育的女性，又或者是你發現某個家系圖案例中那些以看似神秘的方式不斷重複的情況與自己的家庭相仿，諸如某種特定的情況、成癮問題或是與財務有關的困境。這些都是自身家族所造成影響的例子，自然會特別引人注意。

然而，你可能也會在看完解釋後覺得「這件事情應該不只是這樣而已」，又或者覺得那與自己家族的問題終究「不盡相同」。當你願意去驗證不同的家庭影響與設定究竟涉入了自己多少的日常生活時，那其實就足夠讓你在之後經常留意並檢視自己是否在特定的人生機制中遭到傷害，就與文中所述的情況類似。又或者你的行為舉止、決定與生活風格是不是有時候也會被父母或祖父母的行為影響而出現比自己原本

認知更加團結的作為。最終你會在該議題中注意到更貼近真實的事情——不久之後你就可以相當肯定地表達個人的看法，究竟這件事情到底是不是「不只是這樣而已」了。

　　我也會在這些案例中指出透過覺醒（Bewusstwerdung）與特定認知語句（Erkenntnissätze）的幫助而成功找到解開家庭糾葛的方法。我們可以透過這些語句釐清自己至今會在什麼樣的情況下受到家族歷史的箝制或壓迫，而這些像是口訣一樣的句子就是讓一切豁然開朗的第一步。這種句子往往都帶有正面意義並包含解決問題的首要方法。然而，這種句子更有帶來覺醒的作用。實際上，我在諮詢過程中會更進一步的處理這個句子並與案主一起找到解決之道。這部分顯然會超出這本書的範疇，因此無法進一步討論。然而，我必須要在此強調，這種認知語句與心理治療中用來克服特定情況的心錨 [10] 語句（Ankersätze）無關，也不是要將這種句子視作是一種肯定或是正面的情緒支持。就我而言，透過這樣的句子可以找到切入主題的方式——而我們也可以透過這種認知的協助進而在日常生活中將更多注意力引導到相同的議題上。

　　各位讀者也可以在不同的議題中有更進一步的可能性，每個段落或案例的結尾部分都會有簡短練習以供讀者反思自身的情況，各位讀者可以藉此了解自己所涉入的情況，進而

---

10. 能夠為我們帶來刺激並產生特殊感情的因素即稱為心錨，觸景傷情的「景」就是其中一個例子。在職場上有些人會利用這個方法在案主的心中建立心錨，以成功讓他們買單。

更加清楚家族體系對自己所造成的影響，接著踏出改變的第一步或從特定型態獲得解脫的方式。許多案主都藉由這種實務的心理學自我體驗而獲得相當大的幫助。

我們將會在接下來的章節篇幅中討論不一樣的主題：諸如職業與職涯、感情與家庭、金錢和財產與繼承、小孩與教養、成癮與暴力以及逃避的影響、個人經驗中的放逐與戰爭創傷。除此之外，我也將會跳脫主軸並稍微介紹一下收養、重組家庭（系統排列）與父母分離可能對我們自身與人生所帶來的影響。

假如某個特定主題讓你覺得格外有趣，那當然不要客氣就請翻到該項主題並直接閱讀。我個人則是建議各位讀者務必閱讀職業與職涯這個部分，因為這部分的例子都是非常基礎又容易理解的案例。那些都是我們平常生活中會遇到的例子，或是自己常常會一再面對的情況。讀完這個章節後，你就會知道不同的典型家系圖架構對我們帶來怎麼樣的影響，而且又是如何一再地左右我們的人生抉擇。這種影響有時候會在日常生活以及與朋友的相處中造成問題；但有時候又幾乎不會帶來任何衝突，只會令人感到興奮且受到啟發。我希望您可以在這樣的認知過程中得到許多樂趣。

CHAPTER 5 ｜第五章
職業與職涯——家庭對工作與面試的影響

　　選擇求職方向、工作成功與否、對同事或上司產生的不悅，這些問題正如同女性選擇事業、家庭能否兩者兼顧一樣都是相當重要的議題，其同時對於我們的工作與重大的人生抉擇都有著至關緊要的影響。這些問題都來自氏族的牽涉與動力，或者至少有著部份的影響與決定參與權。一開始聽起來可能會覺得很矛盾，因為工作似乎是一件相當理性的事情，其離家庭的生活領域應該很遙遠才是。然而，許多當今的心理學者都認為這其實是一種謬誤。心理治療師伯圖·烏沙默（Bertold Ulsamer）在其著作《蘋果因子——原生家庭對事業成功的影響》（*Die Apfel-Faktor: Wie die Familie, aus der wir kommen, beruflichen Erfolg beeinflusst*）中直觀地表示，職涯中那些令人不知所措的困境往往都與我們熟悉領域中的問題相當類似。我便是從這樣的思維開始延伸，也就是試圖說明職業問題中源自核心家庭（父母）的影響以及家系圖的整體作用。

案例 1：我是好老闆嗎？

　　如果要說明家庭牽涉所引起的工作問題，那就不能不提到法蘭克（Frank）這個案例了。法蘭克是某大企業的資深電腦專員，今年三十七歲。他一開始是在服務部門當培訓技術員，而多虧他自己的專業知識與社交能力，法蘭克不到幾年就有辦法負責一個專業的小團隊。一切都很順利，而法蘭克的團隊也在去年開始急速擴編。後來他就正式升職成為主管，薪水也增加了，法蘭克現在幾乎只要負責規劃與管理部門裡的十二位員工就好了。然而，這位和善的男人卻感到精疲力盡──他從去年開始就一直覺得有什麼地方不對勁，部門員工完全不聽從他的指示，似乎不當他是一回事，其中有幾個還反其道而行，完全無視他的決策與指示。尤其是兩個相當冒失又外向的員工總是跟他作對──這兩個人有時候會相當不知分寸，竟然問他是不是有事或是要他冷靜一下，法蘭克覺得這兩個員工是以一種貶低又不恰當的方式在安撫他。除此之外，部門裡的工作氣氛也變得很緊張，大家都受到互相質疑與競爭的影響。法蘭克對這一切真的感到不知所措，因為他本身其實是個實事求是、善良又坦承的人。但他卻無法接受其他人不認同他的專業權威──畢竟他是一位相當資深的技術人員。法蘭克開始與部屬面談，試圖想要理解員工的想法，或是對他們下達指令，然而卻一無所獲。當法

蘭克的內心挫折變成無助沮喪之後，他就來找我求助了。法
蘭克懷疑自己是不是一位好主管，甚至覺得自己是不是根本
「無法勝任」經理的位置。

　　我們先是建構出他的家系圖，大致上就是下面這個樣子：

家系圖一

法蘭克

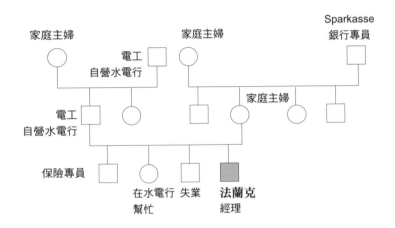

　　簡單地說明一下：法蘭克是四兄弟姊妹中的老么，上面
有兩個哥哥與一個姊姊（圖上的方框代表男性，圓形代表女
性）。法蘭克的母親一直以來主要都是在家照顧小孩，而她
過去曾是一位銷售員。家族中的女性也全都是家庭主婦。法

蘭克的父親是一位自己開業的電工，經營一家小店面，只請一位員工，不過現在法蘭克的姊姊也在店裡當會計。祖父母輩（本家系圖中的最上層）的職業依序如下：爺爺以前自己經營手工與電工生意，而外公在戰後成為德國 Sparkasse 銀行的專員。

　　另外還有一點可能要說明一下：由於我們現在面對的是工作上的問題，因此在觀察家系圖時就會特別注意家庭成員職業所帶來的影響，所以家系圖上就會列出影響最深的職業項目。假如今天換了另一個主題，好比是下一章會講到的感情問題，那麼我們就會在家系圖上強調這個主題並呈現出分居與爭執、相愛與其它交往關係的相關註記。

　　我們從法蘭克家族與其祖先的家系圖上可以很清楚地看到他身為經理人在潛意識層面上所要克服的困境。

　　最首要的因素就是——法蘭克是手足中年紀最小的一個，這代表這輩子圍繞在他身邊的人都是那些告訴他該怎麼做的人。家系圖研究中碰到這樣的系統排列時總是會說，「這個孩子的家長不只一個而已——那些年長的手足對他而言也像是家長一樣。」其實法蘭克自己也說他的姊姊從小就非常喜歡照顧他。他的大哥，也就是從事保險業務的那一位，從小就愛對他冷嘲熱諷，他最常說的就是，「這毛頭小子懂什麼，他說的話不算數。」就算現在每次碰面時，他大哥的

態度都還是這麼強硬。他完全不讓已是成人的么弟長大。至於他的二哥則是沒有工作，機械工程的學位沒有唸完就放棄了。法蘭克記得他二哥以前一直都很聰明，兩個人相處起來非常對盤，也經常在一起玩耍，但是二哥現在卻陷入天人交戰之中。

這樣的手足關係清楚地顯示法蘭克在領導大型團隊時會面臨的問題：法蘭克身為家中的老么，童年時完全沒有機會培養領導的能力。他總是和和氣氣又懂得看人眼色，因此學會了融入與服從。這些特質也幫助他順利成為一位優秀的服務人員與資訊技術人員，他有辦法穩定地熟悉工作內容，對於別人的需求也懂得察言觀色。正因為擁有這樣的能耐，他接著就有機會領導一支由三個人組成的迷你工作團隊。他和善的工作態度也足夠讓他勝任這個小主管的職位。或者，換句話說，以這種和善的么弟領導風格帶領一支三人小組還勉強說得過去。

然而，法蘭克這一年來所經歷的情況卻已不是過去可相比擬的了，甚至眼前還有更高的管理職位在等著他。這樣的新職位顯然嚴重違反他身為么弟的身分──他的成就超越了手足，很有可能成為一位主管。他過去的學習經驗完全無法滿足這個職位的需求。法蘭克的侷促不安又會在潛意識中加深，因為他目前擔任的職位讓他「背離」自己在家族系統中原

有的位置——這是一種對家族不忠的行為，也讓他暗自害怕會被家人「排擠」。法蘭克當然不會因此被家人排擠，不過潛在的恐懼確實存在——因此法蘭克會出現領導上的弱勢。

我向法蘭克解釋，他的問題追根究柢來說就是潛意識中的規則遭到破壞了，而這些同事現在的行為就像是他的手足一樣，要讓法蘭克重回自己舊有的位置上——他們不願意聽從他的指示，也不願意接受他是主管的事實。因此才會有兩位同事公然「叛亂」——彷彿就像是他的大哥，至今還是把他當作「毛頭小子」一樣。這樣的解釋也與法蘭克所描述的感受相符——他覺得自己看起來可以勝任經理職，內心卻一直有種「不稱職」的感覺。

當法蘭克理解自己在公司待人接物的方式就如同在家被手足當作老么那樣後，他也更輕易了解其他人會對他如此不客氣又失禮的原因了。我們從中歸納出一句容易掌握的認知語句，好讓法蘭克可以在諮詢過程中更接近問題的核心。此外，這句子也會在諮詢的第二部分中作為能量壓力釋放的工具——

「我夠格成為一位主管，也可以決定部屬的任務——
但我仍然是屬於家族的一份子。」

　　除了手足這一個例子外，法蘭克的家系圖中還有另一個極具影響力的束縛，而我們也在諮詢過程中提到了這個部分──男性成員的部分，也就是父親與兩邊的祖父對於法蘭克在職涯上的領導地位都沒有加分的效果或是提供任何協助：他父親是獨立作業的電工，爺爺也是，而外公也是沒有領導責任的辦事員，至於家族中的女性成員也全都是在家相夫教子的家庭主婦。我們追本溯源之後就會發現，法蘭克是整個氏族體系中第一個，也是唯一一個在職業上管理超過三個人以上的家族成員，而且還是在企業單位中晉升主管職。其實我們在這部分也可以理解法蘭克得以勝任小團隊的原因──他父親的水電行也一直都只有二到三位職員，這是「被許可」的主管職。

　　家系圖的討論中經常出現這種典型的系統排列──某人是氏族中第一個在工作或生活上取得更高職位或成就的人，家族中前無古人。這種「孤獨存在」會形成相當強烈的內在壓力──當事人會因為自身成就而將自己拋出家族體系之外，而潛意識最終就會將這樣的成就反應為「錯誤的」或「不好的」情況。法蘭克就是如此──他的職位讓他感到卻步，而父親與祖父的職業型態也促使他退縮。當法蘭克試圖成為部屬眼中有自信的好主管時，這種影響力就會削弱他的意志。

　　法蘭克對於這樣的詮釋也提出一些自己的看法──他的

父親確實在過去這幾年經常對他說，「不要因為穿了西裝就自以為高人一等。」這也是相當典型的例子，而且許多人對於這種挖苦諷刺的言語並不陌生——當一個人在家族中出類拔萃後，往往會在面對父母和長輩時聽到這樣的話。很多案主在描述這種情況時都會失態地出現憤怒、錯愕與羞恥的感受。其實我們只要換個角度想就可以理解這種強烈的感受。當父母對事業有成的孩子說出這種話時，他們潛意識中其實是想說，「你要是變成這樣的話，對我來說太陌生了，這樣就非我族類了。」如此一來就會在內心形成深度的恐懼。

我們接著又為法蘭克歸納出另一句認知語句：

「我比父親及祖父的成就更高，
而我仍然是家族的一份子。」

我們在肌動學的部分就會以這兩句認知語句進行測試——我們會檢測這兩個句子在當事人體內造成多大的壓力，並且試圖進一步排除這些阻礙。法蘭克後來告訴我，他現在工作時與同仁之間的相處比過去更加自在了。此外，他在開會或談判時也會偶爾想起他的哥哥與姊姊，接著不免在內心笑著提醒自己，身邊那些人並不是他的手足，而是他的工作團隊。法蘭克也因此得以在團隊中表現出更清楚、直率又強

硬的態度——而這點也在同事間受到尊重與認可。順道一提，法蘭克的行為舉止也同時在真正的手足之間獲得更多認同。

　　當然，法蘭克會一再地因為自己的家世背景而懷疑自己是否真的能夠勝任管理職位，這部分自然與他的經驗及生活圈有關。不過假如他現在又覺得自己坐在主管位置上是種「錯誤」的話，顯然就可以更清楚問題是出在哪裡了。

經驗法則

以下從法蘭克的家譜圖中提供一些普遍的法則作為參考：

- 任何在家庭手足排列中年紀越小的成員就可能在領導位置上出現更嚴重的問題，諸如需要為他人下決定的工作，不論是管理部屬或類似領班這樣的工作。

- 任何在家中兄弟姊妹間排行越後面的人就會把自己放在較低的位置上，不然就是覺得自己必須站在較低的位置。排行在前面的人就會喜歡發號施令，或者覺得自己必須要帶頭領導才對。

- 假如父母或祖父母這輩都沒有人當過主管，那麼當主管的人往往在這個職位上就會有一種違背良心的感覺，然後就經常會在工作中遇到問題，而且相同的情形會不斷重複。

＊ 練習一
我在手足間擔任的角色 & 其角色對我日後的影響

思考一下自己與手足間的相處模式，沒有問題嗎？誰扮演著怎麼樣的角色呢？假若你是家中唯一的孩子，那麼就反省一下——自己與父母的相處中扮演著怎麼樣的角色？自己小時候是怎樣的孩子？花幾分鐘想想自己在家中有哪些典型的角色與特質。

請拿起一張紙與一枝筆，用三個關鍵字來形容這個過去的角色，像是領袖型、吵鬧的、熱心的、隱形的……諸如此類。

接著開始思考自己在什麼樣的情境下會重複出現這樣的特質：同事會覺得你吵鬧嗎？你現在也一樣熱心助人嗎？有時候會覺得自己沒有存在感，其他人也不把你當一回事嗎？請寫下三個在過去一個月中讓自己回想起小時候與手足相處的情景，像是學校的家長座談會、辦公室、女朋友亂七八糟的家、健身房……等等。

找到類似的情境了嗎？從現在開始試著讓自己在有意識的條件下走進類似情境中，試著避免不自主的行為，好好觀察一下自己。看看自己在這樣的情境下是不是能比過去更加意識到不一樣的行為舉止。假如你一向是吵鬧的人，那就試著安

靜不說話；一向很害羞的話，那就試著大方一點。看看自己
能不能感受到任何不同。

儘管沒有辦法立刻改變一切，我們還是可以透過這個練習更
加體會到那些在過去會讓我們自動內化或有所反應的手足／
童年角色，而對於過去角色有所體認就已經是改變的第一步
了。

案例 2：家世背景顯赫，但卻一事無成？

　　前面提到的經理人法蘭克其實是個相對簡單且又經過篩
選的案例，因為一般在家系圖中往往存在著更複雜的枝微末
節。舉例來說，我在諮詢工作中經常碰到一些家世顯赫的女
性，家族中都是高知識分子，一代傳一代的「祖產」也很多，
而且往往都是像房子或土地這樣的不動產。然而，這些家族
中的女性卻不會接受高等教育，也不會出來工作，彷彿就像
是在家系圖中被決定的命運一樣。二十八歲的幼稚園老師凱
特琳（Kathrin）就是這樣，她是因為身心症問題而找上我。

家系圖二

凱特琳

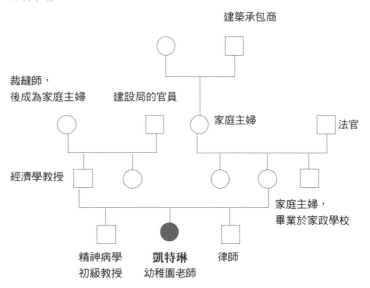

她的爺爺是政府高級官員，外公則是法官，奶奶是裁縫師，外婆則是帶著佛萊堡（Freiburg）的不動產當嫁妝的家庭主婦。凱特琳的父親是自由經濟學教授，母親畢業於家政學校，婚後在家照顧三個小孩，如今則是繼續照顧凱特琳的哥哥及弟弟在婚後生的三個孩子。她的哥哥現在是一位初級教授，二十六歲的弟弟則是一家中小型企業的律師，而排行

老二的凱特琳則是幼稚園的老師，儘管她當年是以優異的成績畢業於文理高中。

如今，凱特琳已經二十八歲了，也就是職業訓練（Ausbuldung）過後五年，她卻在工作上遇到瓶頸。其實她不會覺得在幼稚園工作很累人，不過卻很無聊，而且她再也無法忍受那些吵鬧的聲音了。她的聽覺在不久前開始出現障礙，而職涯上也碰到了瓶頸。她該如何是好呢？她其實很想要上大學主修社會學，不過心裡又覺得自己似乎已經過了那個年紀了，因此又為此感到猶豫不決。她也許可以提出祖父在她銀行帳戶留下來的錢去環遊世界一陣子，或是用這筆錢當資金開一間小型咖啡店賣美味可口的蛋糕也不錯，最重要的是惱人的耳鳴問題應該就可以好轉了。

當我們著手建構凱特琳的家系圖後發現，她是手足中唯一一個「只有」專科畢業的人。關於這點，凱特琳進一步解釋自己當年在文理學校的成績並不是手足之中最差的（除了數學與德語之外，她在戲劇、文學與藝術的成績也很優異），只是她後來覺得唸大學要花太多時間了。「其他人都去唸大學了，我就是想要做點什麼不一樣的事情。」至於她又是為了什麼而選擇當幼稚園老師的呢？這點凱特琳自己也沒有答案，「我當時只是覺得這樣好像很有趣。」我向凱特琳解釋，這種行為是她的家系圖中會出現的典型現象——也就是家族

中的男人清一色都接受高等教育並擁有很好的職位，而這對
於凱特琳而言，若想要擁有高學歷的生涯，家庭背景其實提
供了很好的基礎，事實上就是一種搭順風車的概念。

　　另一方面來說，凱特琳的氏族中完全沒有任何女性受
過高等教育或在職業上有所成就，兩位祖母都是家庭主婦，
就連她的母親也是，而凱特琳又是唯一的女兒，因此家庭動
力在她身上出現了相當大的壓力——她其實肩負著一項無法
言喻的任務，也就是要與家族中的女性團結一致，支持以同
樣的方式生活並繼續傳承下去。在此說明一下，向心力原則
是相當基礎的氏族動力，我們還會不停地在後面的例子中看
到。向心力的作用多少會因人而異，也會因為家族不同而有
所差異。凱特琳這個案例中有來自家庭的強大壓力，因為她
是家中唯一的女兒。她多多少少也意識到了——凱特琳選擇
成為幼稚園老師，那麼她就選擇了與祖母及母親類似的道路
——家政學校畢業後在家帶小孩，就跟幼稚園老師做的事沒
什麼兩樣。我向凱特琳解釋了之後，她一開始有些抗拒，因
為她覺得選擇當幼稚園老師完全是出於自己自由意志下的抉
擇。然而當她進一步思考這件事情之後，心中就越來越篤定
了。凱特琳突然提到自己小時候總會被迫要與母親親近，有
時候哥哥與弟弟會跟著爸爸去打高爾夫球或去看足球賽，而
她就得要跟媽媽去騎馬。她當時就已經很不喜歡那種自己非

得要跟媽媽一國的感覺，她其實很想跟哥哥及弟弟一起活動。這些過去的小故事顯然只是她內心感受中的一部分——也就是「妳是媽媽那一國的」印象。但她潛意識中對於列祖列宗的忠誠度則是相當強烈。

凱特琳與我一起針對母親那系的連結構思了一段認知語句：

> 「就算我上大學或事業有成，
> 我還是屬於這個家族的女人。」

然而，凱特琳在自由職業選擇上仍受到家族體系影響的部分就是來自外婆那邊的財產了。也就是說，凱特琳在這個家族體系中看到的是，女人根本不需要工作也可以擁有財富——只要她遵守這個體系的規則並在家扮演傳統上相夫教子的角色即可。其與家族之間的聯繫也會透過財產而變得更加強烈，而凱特琳其實也在諮詢過程中表示自己打算要用這筆從祖父那繼承的財產來實現自己的創業計畫。

再者，還有一點——我也與凱特琳談論到她應該要好好思考職涯的下一步，三思而後行。畢竟她開設咖啡廳的想法其實也是在展現對母親的向心力，因為她母親學的就是家政——待在家中「款待」其他家人。假如開咖啡廳是她深思熟慮

之後下的決定，那很好。總之我認為在這種情況下，她應該要讓自己有充分的時間思考一切。

然而，凱特琳在接下來的一個月中發展出與一開始完全不一樣的志向。她想要進修研習戲劇教育，這才是她內心嚮往的目標。除此之外，她也在一項青少年的戲劇計畫中進行實習。

她也將祖父留給她的錢花在這上面，接著還在諮詢中構思出另一句話：

> 「就算我將祖產花在實現夢想上，
> 我一樣是這個家族的一員。」

這兩句話從此成為提醒凱特琳的金句與人生方向的指引。

凱特琳其實並不是什麼特殊的個案。我在診間中時常碰到這樣的女性，她們內心都覺得應該要對自己的母親展現「向心力」才行。無論來自企業主、一般職員或是學術家庭都好，只要家中的女兒是氏族中第一個有機會接受高等教育的人，其內心就會驅使自己偏向未受教育的母親那方。這樣的女性常常都會選擇主修社會工作或社會學，不然就是選擇當一位小學老師這種讓自己可以對母親展現向心力的學術職業，因

為這些工作都與「照顧小孩」有關。有時候可能一拍即合，有時候就會在幾年後陷入與凱特琳一樣的問題，「自己明明就拿小孩沒輒，為什麼當初會選擇做這個呢？」

　　然而，相反的情況也是有的——假如母親受過高等教育或祖母在家族中向來都是表達開放的態度或擁有自己的事業，像是藝術家、女權運動者、醫生之類的，那麼家中的女性後輩自然就會體認到自己也應該接受高等教育。她們根本就可以在祖先們的高等教育生涯中順風航行。

經驗法則

- 女性往往會對家族中的女性長輩展現向心力，像是母親或祖母。她們在許多情況下會在職業選擇或事業成就上依循著家族女性的軌跡——儘管從表面上可能完全看不出來。

- 假如整個氏族中完全沒有任何女性受過高等教育，那麼不論是女兒輩或孫女輩都會在大學學業或事業成就上遇上比較困難的情況，甚至根本不覺得自己有必要上大學。

- 職業選擇的關鍵點在於家族體系中現存何種職業。人們往往傾向於選擇與家中長輩類似的職業，諸如父母、祖父母或祖先，我們會循著前人的腳步往那個方向繼續邁進。

- 假如家族中的女性都沒有在外工作或接受高等教育的話，那麼女性後輩往往就會選擇以下的緊急措施——選擇與小孩有關的職業，這樣就可以呼應母親或祖母的生活模式並展現向心力。

＊練習二

我的母親，我的祖母——她們的職業與執導原則

以下的練習是專為女性設計，其目的是要去探究我們的母親與祖母在職業上分別傳承給我們的寶藏是什麼。請先在一張紙上寫下母親與兩位祖母的職業，接著再寫下母親與祖母們從事過哪些分擔家計的工作，諸如為親戚朋友或鄰居修改衣服或打掃之類的。接著寫下兩句她們對於自己在工作與生活上曾經說過的金玉良言，像是母親的部分可能就會有人寫，「妳只要再加把勁就可以達成我沒有完成的事情了。」至於祖母的部分可能會有人寫，「做人要光明磊落」或「女子無才便是德」或是「妳要是夠聰明的話，就可以活出精采的人生然後去上大學。」母親說過的話應該可以很快一字不漏地回想起來，而祖母的部分可能就要花些時間進行重組。假如真的想不起來祖母說過的話，或是根本沒見過祖母，那麼就試著根據主題並憑靠直覺來寫下祖母可能會說過的話。最後

再看一下這張紙上的職業與金玉良言，然後在下方用粗體字寫下自己的職業與金句，像是「對我而言，工作講求合理與公平。」或是「我想要在職業上有所成就並得到滿足。」

我們可以透過這個練習看見母親與祖母話語的影響力強弱，還有這些話語是否符合我們的人生抉擇。假如妳在母親或祖母這兒寫下超過兩句阻礙性話語的話，那麼妳至少會觀察到部分與職業相關的阻礙。就算妳今天事業有成或是與母親／祖母的生活與職業有著天壤之別的差異，妳也可能發現她們所說過的話仍在自己的潛意識中帶來影響。請讓自己清楚地知道這些訊息都會對自己的職業抉擇（像是升為主管的機會）默默產生作用，不然就是當自己面對如何在職業與小孩之間取得平衡的問題時產生影響。假如自己目前的生活都沒有遇上這兩個問題，那也請將這個道理放在心裡好面對將來的人生抉擇。

此外，請在母親／祖母的金玉良言及職業中圈選出一項妳自己也喜歡的句子與工作：或許妳很欣賞祖母當裁縫師時「喜歡看見美好事物」的態度，或者其他親戚曾經對妳這麼說過，「我喜歡我的工作。」讓自己不時想起這句話的力度或將這句強而有力的句子貼在辦公桌周遭可見的位置。

案例 3：成功的女人，還有失意的男人

　　我們在凱特琳的案例中已經清楚地看到女性在職涯道路的選擇上受到母親與祖母的銘印 [11] 至深，而現代社會中也有越來越多女性有幸能夠自主地規劃職涯並有所成就——即使她是家族中第一個上大學的女性、第一個成為老闆的女性、第一個成功取得機械、企業管理或醫學專業的女性也都一樣。現代社會中有許多事業有成的女性經理人、女性藝術家、女性諮詢師、完全獨立自主的女性小型企業家，諸如獨自經營時尚髮型設計公司、人力仲介或餐廳事業等等。現代女性能夠順理成章地承擔這樣的地位並在職業市場自由遊走固然是件好事，不過隨之而來的責任與地位也為許多女性帶來不少的心理壓力。當氏族法典中的規則遭到破壞後，家規中的壓力與負擔就會跟著出現。通常務農家庭中的女兒頂多就是在收成時幫忙採收，倘若整個家族中都沒有人受過高等教育，而家中的女兒突然在保險公司位居要職或在郵局擔任小職員，其藉由勤勉、天份與上進心樹立了成功的模範，這自然會吸引眾人的目光，而很多人也覺得無可厚非。然而，這些女性的潛意識中卻會因為自己的成功而與氏族之間產生莫大的距離感。儘管聽來有些苦澀，內心仍會出現一塊緊繃的領域並因此對氏族懷抱著罪惡感。有些女性會在這樣的內心衝突下逼迫自己得要有所彌補。

11. 銘印就是家庭背景中的人與事件的傳承，一代接一代地造成連續的影響，而當事人往往不自知。

　　我在臨床上經常碰到女性因為個人成就非凡而遠離家族體系，但是同時又在潛意識中開始犧牲並放棄自己其他的人生領域。很多事業有成的女性都會因此放棄幸福的婚姻與小孩，而這樣的情形不只是發生在我的案主身上而已。年齡介於四十五歲到四十九歲的這一代中，受過高等教育的女性有百分之二十八沒有小孩，而未受過高等教育女性相比之下只有百分之二十二。這樣的調查早些年之前也做過，像是 2008 年的結果就顯示兩者之間的分歧還更高。這樣的數字自然與整體社會條件有關，畢竟事業與小孩對女性而言依舊難以兩全。當我們藉由家系圖與氏族結構觀察時便會發現，不生小孩的女性經常會是那些「力爭上游」的人，而且會選擇放棄氏族中的規則、慣例與財產繼承。典型的孤獨女強人並不只是發生一點「小問題」而已，這種潛意識中偏好孤單一人的選擇經常出現在很多氏族結構動力之中。

　　對於來自未受高等教育家庭的女強人來說，婚姻似乎就是她們在面對內心壓力時的另一個解決之道了。每當我碰到這些事業有成十多年的女強人時，我經常會在她們的家庭系統排列中一再地發現失敗的婚姻，而且往往都是因為選擇了不斷製造麻煩的男人。其中最複雜的就是那些在生活中面對嚴重問題的男人，像是成癮問題或者在人生某個階段中欠了一屁股的債。其中最無害的情況就是女強人選擇男人的條

件是為了要迎合氏族，也就是相對於自己受過高等教育的條件，她反而選了工匠、農夫或像自己父母那樣的一般職員作為結婚對象。儘管這樣的丈夫或伴侶就時下觀點來說並非完美的女婿，不過女方父母或祖父母那一輩顯然會相當樂於接納這樣的結合。他們會將之視為一段「門當戶對」的婚姻，其中的關鍵就在於比起女強人來說，這些男人的職業與生活型態還更接近女方的家庭樣貌。這樣的婚姻能否幸福美滿自然還與其他因素有關，而能夠肯定的是這樣的結合往往不是因為單純的愛，而是來自潛意識中必須對家庭有所彌補的感受以及可以透過這樣的伴侶更加接近自己的氏族。

家系圖三

漢娜

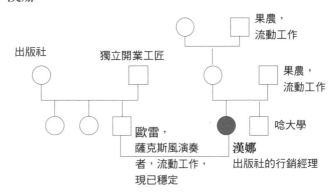

　　上圖是漢娜的家系圖系統排列。這位三十五歲的女強人在取得大學企管學位後就立刻進入一家大型出版商工作，事業從此扶搖直上。漢娜的父母是北德什列斯威─豪斯敦（Schleswig-Holstein）的小型果農，平常就在鄰近的市場擺攤維生。

　　漢娜平易近人又聰明伶俐的性格讓她的前途一片光明，而她很早就展現出對數字的敏銳，也懂得同事之間待人處事的方法，並在面對危機時有妥善化解的本事。漢娜現在的收入相當不錯，而她也在三年前買下父母家附近的一間農莊並租給餐廳進駐經營。她目前與交往多年的伴侶歐雷同居，歐雷是一位爵士薩克斯風演奏者，擅長多元風格的曲調。他們倆人爭吵不斷，因為歐雷經常得離家在外表演，賺的錢也不多，當初買房子時沒有一塊分擔，甚至連一毛錢也沒有付就在漢娜的房子住了下來。漢娜打從一開始就認為兩人的財務分擔不太公平，並且經常在歐雷面前抱怨這件事情。讓她感到覺得訝異的是最近兩人的爭吵開始越演越烈，漢娜甚至考慮要結束這段已經維持六年的關係。其中最讓漢娜不解的是自從歐雷幾個月前在一家音樂劇院的樂團找到職缺並開始有固定收入後，兩人的爭執反而變本加厲。除此之外，他最近也常常提到想要有小孩的事情，而漢娜無法理解的就是自己竟然會為了這樣的改變而氣憤不已，其中讓她反應最激烈的

就是她根本不想在明年生小孩。

　　漢娜對於自己在感情中的行為與突然出現的瓶頸不知所措，於是便向一位朋友傾訴，恰巧這位友人在某項進修課程中聽說過我的工作，因此便建議漢娜來找我尋求協助。漢娜來找我時心中已經帶著明確的問題了——她究竟該不該跟歐雷分手？我們在建構漢娜家族諸多世代的家系圖過程中就很快地發現，身為小果農家的女兒，父母是在不同市集兜售水果的農人，漢娜在尋找固定伴侶時就找了一個事業較不成功，甚至三餐難以溫飽的音樂家來代償她衣食無缺又事業有成的情況——而這樣的對象完全可以安然地融入她的家族體系，因為歐雷就像是她對家族體系展現向心力的媒介一樣。漢娜在我們說到這點時也突然想起她的父母從一開始就覺得歐雷看起來就像是「家裡的一份子」，並經常表示他們對於「漢娜找了個這麼隨和的男朋友，而不是帶了個事業有成的傢伙回家」這件事感到相當滿意。歐雷個性包容又平易近人，因此與她的父母相處融洽，這點漢娜也看在眼裡。漢娜在諮詢過程中試圖想要弄清楚一件事，也就是歐雷現在為穩定收入所做的努力以及為「建立家庭」所做的準備其實在潛意識中都是與她的氏族天差地遠的規劃，因此漢娜才會起而反對這樣如願以償的發展。一旦歐雷開始有固定收入並和她一起孕育下一代，那麼漢娜事業有成的代償機制就消失了。眼看危

機來勢洶洶,因此漢娜才會在生小孩的話題上出現激烈的反對意見。因為當我問她這個問題時,她也坦承「其實自己也曾想過要準備生小孩了」。而且她認為歐雷會是個好爸爸,自己也想繼續跟他在一起。我們在同一次的諮詢中找出漢娜的內心阻礙──漢娜可能在透過粗淺的觀察後以為一個經濟獨立又順遂、有責任感又肯照顧孩子的男人無法融入她的家族。不僅如此,漢娜甚至可以意識到自己擔心她的男朋友會變得越來越強大,而她潛意識中需要他作為系統的平衡機制。我們著手解決這樣的內心阻礙並抽絲剝繭地找出不同的語句,並且進行能量工作。對漢娜來說,其中最重要的認知語句應該就是:

> 「就算我事業有成、維持一段男女平權的感情並
> 建立自己的家庭,我仍然是這個家庭的一份子。」

我不清楚後來漢娜與她的男友究竟有沒有生小孩,不過我在諮詢半年後曾經收到漢娜的電子郵件。她在信中提到兩人之間的爭吵減少了,生活更幸福了,而且相處愉快。此外,歐雷也接下了那份音樂劇院的固定樂師工作。

經驗法則

- 來自簡樸家庭的女強人或女性學術研究者經常會藉由與較不成功的伴侶結合來作為自己「背叛家族體系」的代價方式，其伴侶甚至會有毒品成癮或是債務的問題。
- 許多事業上女強男弱的感情關係經常會在男方成功有所突破時出現動盪。

＊練習三

我的煞車機制

我們的生活周遭總是有各種形形色色的人，有些貴人讓我們茁壯，也有些人總是讓我們覺得備感壓力又挫折，相處起來既緊張又痛苦。知名創造力訓練師茱莉亞‧卡麥隆（Julia Cameron）便以「狂人（Verrücktmacher）」來稱呼這些為我們人生帶來困境的人。她認為這些人會為我們的成就、創造力與幸福帶來阻礙。大名鼎鼎的心理學家漢米德‧佩西基安（Hamid Peseschkian）更稱這種人為「瘋狂吸血鬼（Psychovampire）」。我們通常都能夠憑直覺明白那是怎麼樣的人並直接指出生活周遭中出現的相同例子。你是否也是這樣呢？那麼就拿起紙筆並寫下腦中立刻浮現的三個名字，不論是家族、生活周遭或交友圈中的人物都行。有找到嗎？如果想不到任何人的話，那其實就很清楚了——你的生

活中不存在那種人。

接下來請針對這些名字寫出這些人所帶來的確切阻礙,簡短扼要的句子即可。假如這個對象是會讓你覺得精疲力盡的人,諸如「我的朋友瑪麗亞每次講到男人就沒完沒了」,那麼請仔細思考一下這種行為如何讓你覺得精疲力盡。也許你會發現自己每次都是在心情愉悅的時候打電話給瑪麗亞,那麼你就要阻止自己在心情愉悅的時候打電話給她,因此請寫下「非常掃興」這幾個字;又或許你會發現瑪麗亞總是在你想要好好專心工作時找上門,那麼就要在工作帶勁時阻止來自這種人的聯繫。試著在名單上為每個人物寫下明確的句子,然後讓這些句子發揮作用。

你現在還有辦法進一步擊破這些阻礙──與其將這些阻礙歸咎給其他人,你不妨想想為什麼要搬石頭砸自己的腳,像是掃興或降低工作效率之類的。從現在開始試著將這些生活周遭的事情放在心裡,讓自己有更多的時間與空間。當我們開始為這些阻礙負起責任並懂得自己踩剎車時,往往就會得到更大的幫助。

案例 4：自行創業或受雇於人？蛛絲馬跡對職涯議題的影響

　　每當我們談到家庭與職業時，往往就會在家系圖中找到更多關鍵性的枝微末節，而且都是在沒有意識到的情況下對我們進行潛移默化，一代傳一代。我們回過頭來談一下前一段所提到的漢娜，那些微小卻重要的細節，諸如她的父母會在市集上販售不同種類的水果，並且每天都要前往不一樣的地點擺攤。漢娜並沒有承接這樣的流動工作模式，她天天都到同一家大公司上班，有自己的辦公室與辦公桌。然而，四處流動做生意是漢娜家族中的傳統和獨特的維生模式，甚至連她的爺爺也是以這種方式掙錢養家，因此我們得以推測漢娜的工作方式在對比氏族的工作傳統之後勢必在她的潛意識中造成了一定程度的壓力。無論是不是巧合，漢娜目前的工作中確實沒有這種四處流動的工作需求，但是她的伴侶歐雷——一名爵士樂手的工作卻符合這個家族結構中的流動工作模式——他必須要在不同的城市與舞台上演奏薩克斯風並賺取所得，而他在兩人剛認識時就是用這種模式維生了。我們因此可以推測漢娜潛意識中會認定這種「我四處遊走以賺取金錢」的資訊是相當熟悉又可靠的感覺——於是身為爵士樂手的歐雷才能夠贏得她的芳心。

　　家族長輩與親戚在工作中的枝微末節、風格與態度都會對我們在求職或尋找伴侶時帶來相當程度的影響。然而並不

是所有雞毛蒜皮的事情都是意義深遠的，這些細微的小事情往往都會在與氏族攸關的情況中顯得更加重要。舉例來說，家族中要是有很多（受雇於人的）職員或是自己創業做生意的人就會帶來相當大的影響。我經常在工作中發現，假如家族中有許多企業家與自己做生意的人，那麼兒孫輩就比較容易出現創業者或是企業家。相反的，那些企業員工或公職人員家庭中的兒孫輩往往就會覺得在政府機關或大企業工作比較有保障，而且可以接受固定的工作時間與約束。我們當然可以解釋成那些企業家的孩子可以透過這樣的學習模式知道企業家的工作方式，像是周末也可能要上工，而這樣的人反而沒有辦法接受別人規定自己什麼時候該下班。我總會在這種典型的觀察學習中發現企業家後代的內心往往會認為自己獨自做生意是沒有問題的，而受雇職員的後代往往都會覺得自己應該要好好地找一份穩定的工作才對。

　　另一種會世代承襲的情況就是家族先輩在工作時的態度、觀念與強度了。這時候我就會想到之前的一位案主，她在德國南部自己經營美髮店。這位案主，我們就管她叫瑪麗安（Marion）好了。瑪麗安的店裡有好幾位員工，生意不但很好，而且她也相當樂在其中。儘管如此，瑪麗安還是來找我求助，因為她每天晚上下班後都覺得自己精疲力盡，「每當我送走一位客人時，我心中都會覺得，好，可以打個勾了，

我真的累死了。」瑪麗安在諮詢時做出這樣的描述。她會覺
得自己必須列出一張清單，每次送走一個客人之後就在上面
打個勾，而她每天晚上都是拖著疲憊不堪的身軀倒在床上。
當她描述這些事情並明確地點出自己的問題之後，我就想要
看看她的家系圖並了解一下瑪莉安家族過去的職業與經驗構
成。

家系圖四

瑪麗安

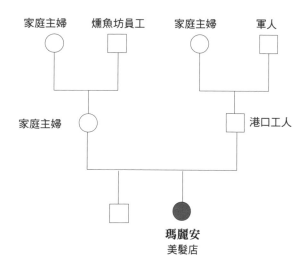

她的母親與祖母都是家庭主婦，而她的父親則是港口裝

卸工人，每天都做搬運箱子與麻布袋的體力粗活。她的爺爺
則是在一間燻魚坊工作，他的工作就是拿鉤子吊著鰻魚進烤
箱，煙燻完畢之後再拿出爐。

　　我看到這個部分的家系圖後就立刻聯想到這荒謬的相似
之處──爺爺拿鉤子吊魚進烤箱，而瑪麗安則是在諮詢中描
述自己送走一個客人之後就「必須打個勾」。瑪麗安下班之後
也會像她的父親一樣覺得工作一點樂趣也沒有，他只是日復
一日地去港口出賣勞力。瑪麗安默默地承接了父親對於工作
的感受，並且複製了他的疲憊。瑪麗安不僅默默地重複上演
著氏族中所承襲的感受，甚至還對她的工作產生了某種禁制
的作用，讓她感到更加疲憊不堪──因為替他人理髮、做造
型與提供建議是一份需要創意與美感的工作。假如過去家族
之中完全沒有任何人從事這樣需要創意並樂在其中的工作的
話，那麼這種工作就會在與其他人的工作對立之下形成一種
禁制──接著就會讓工作越來越累人，就像瑪麗安的情形一
樣。

　　當我們找出這些枝微末節甚至有些吹毛求疵的對比之
後，瑪麗安先是大吃一驚，最後也終於鬆了一口氣。我們藉
由能量方法消除這些內心障礙，後來瑪麗安下班後雖然還是
覺得很累，但是再也沒有那種疲憊不堪的感覺了。她已經可
以更進一步地避免被氏族承襲的情緒影響了。

經驗法則

- 祖父母與父母的工作態度也會感染到子孫。
- 家族先輩的工作狀況越是有問題，那麼就越可能為子孫帶來難以承擔、疲憊不堪、不滿或無趣的感受。
- 假如父母或祖父母本身就是自己做生意維生的人，那麼子孫也就越有可能加入相同的行列；假如父母或祖父母受雇於人，那麼子孫就越可能選擇一樣的工作方式。這兩種情形中的後代子孫都很有可能在職業模式上傳宗接代。
- 假如氏族中的多數人都是在固定的地方工作，那麼後代子孫就更有可能找到靜態的辦公室工作。假如氏族中有很多人的工作都需要經常四處奔走，那麼家中後代自然也會比較習慣這樣的工作模式。

＊練習四
家族中的工作型態

我們稍微回顧一下自己的家庭，想像一下自己的父母、祖父母與曾祖父母，也不妨拿張照片看一看。接著請拿出紙筆回答下面的問題：

1. 家族中的主要維生器具是什麼？

2. 家族的主業是仰賴什麼呢？某種物品？人？動物？藝術？
   思想？或是技術呢？

3. 家族成員的工作特質是什麼呢？動作敏捷或是慢條斯理？
   精準到位或大概就好？工作勤奮或得過且過？充滿熱情或
   心不甘情不願？戰戰兢兢或無憂無慮？

4. 家族成員是獨自做生意或受雇於人呢？

5. 你的工作地點穩定或時常需要變換呢？

請將這些答案與自己內心期望的工作相對照，其中有哪些平
行之處呢？當中又有哪些差異呢？內心潛藏的壓力可能是來
自哪一部分呢？哪一點對自己造成阻礙呢？試著描述自己從
中得到的領悟。

案例 5：律師世家出身，也可以是麵包師傅

　　正因為這個話題經常會在我們求職時或是在職涯規劃中
出現，因此針對那些一代傳一代或是經過不斷的累積所鑄成
的職業，我就想要藉由家庭來提出相對應的解釋。相同職業
構成的「世家」很多，諸如法律世家、醫生世家、教師世家、

烘焙世家與務農子弟，此外也有企業家族、演藝世家或製造業家族。

　　儘管這些家族中的子子孫孫也沒有非得從事氏族職業的必要，然而該職業的形象卻一樣會在內心烙下銘印。倘若法律世家中的孩子決定要學電影，那麼他的心中就會默默覺得自己正在從家族法則的軌道上脫離——這就會在潛意識中形成壓力。我們也觀察到如果這樣的家族中已經有人繼承衣缽，也就是「脫軌的子孫」的手足中若有人繼承家業成為律師、醫生或老師的話，那麼其所帶來的壓力就不至於到無法承受。其他的手足通常就是要在這種情況下才有辦法繼續安心從事與家族事業不相關的工作，也不用一直面對自己有沒有認真看待人生或該不該換工作的問題——「做人總得要通情達理」便是他們內心經常會出現的明顯感受。這種手足之間的機制有著顯著的作用——只要其中一人可以為整個氏族帶來平衡，堅守著家族事業的傳承，那其他人就可以鬆一口氣了。

　　類似這種明顯順著家族事業規劃求學或職涯方向，但卻在潛意識中帶來抗拒的例子其實相當多，我們接著就來看看一位二十歲大學生史凡（Sven）的案例，我並不是在診間認識他的，而是透過共同的交友圈遇到史凡。

家系圖五

史凡

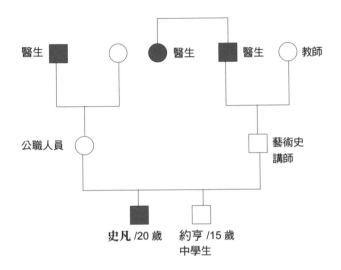

史凡的父親是藝術史學者並任教於專科大學，他的母親則是在市政單位擔任要職。儘管史凡在青少年時期經常在熱愛建築與城市規劃的父親帶領之下走訪各種展覽與城市，也閱讀許多與建築相關的書籍，不過他卻在高中畢業之後跌破周遭眾人的眼鏡，選擇唸了醫科。

　　學醫對於成績優異的史凡來說自然不成問題，他也絕對符合當醫生的各種條件。其實他們家中從來沒有人公開談過一件事，也就是他的爺爺跟外公都曾經明確地表示，希望自己的兒子或女兒可以成為一位醫生，而且也都因為他們最後選擇了不一樣的道路而感到失望。他的爺爺才會因此不斷地強調著，他認為只有那些與世隔絕的人才會選擇研究藝術史。他曾經這麼評論過，「那是一門象牙塔裡的學問。」即使是在史凡的父親成為知名藝術史學者的那年，他的爺爺還是經常這麼公開地表態。除此之外，其實當我們追溯史凡的家族史之後也發現了醫師的足跡，像是他的祖父就有一位妹妹是醫生，甚至有位曾祖父也是醫生，因此史凡在潛意識中也受到這股動力的推進而邁向學醫之路。這麼解釋好了，史凡的父母這一代才是在這整個醫學世家中失落的一代，於是孫子這一輩才會感受到一股莫名壓力並試圖重振家族傳統。史凡則是表示，他一開始有考慮過要學習自己喜愛的建築，後來又覺得企業管理很有趣，因為可以賺很多錢，最後又突然急轉彎並相當篤定地選擇學醫。

　　家族先輩的職業選擇經常在後代子孫面臨就業抉擇時出現這樣的作用，也就是心中會有一種罕見的篤定感受，覺得自己找到了正確的選項並終究得以「理直氣壯」的繼續下去。倘若這樣的選擇也與志趣相符，那麼一切就太完美了。然而，

今天假如換作是史凡的情況，也就是手中還有另一個實際的好工作可以任君選擇，那麼就很有可能在人生中突然遭遇到這樣完全受到他人導向並控制的不愉快感受。史凡就很遺憾自己沒有辦法成為一位建築師，儘管他現在還是建築系的學生，而且學習也相當愉快，但是他心中不覺得自己會成為建築師，因為潛意識中來自氏族的壓力讓他知道這是個錯誤的決定。這個例子也讓我們見識到潛意識的力量在職業選擇上會造成多麼強大的影響力，因為每次有人問史凡，「好傢伙，你現在打算要承接祖父的衣缽了嗎？」史凡總會回答說，「並沒有，那是我自己的決定，跟我祖父沒有關係。」因此，藉由家系圖研究突破這樣的無知情形並觀察我們的職業抉擇可以幫助我們得到更自由且更自主的選擇。

另一個比較苦情的例子則是一位傳統療法同仁的案主，這位同仁恰巧也採用我所發展的家系圖療法進行治療。三十五歲的克莉絲汀（Christine）是她長年來的老案主，這位攝影師一直因為背痛而困擾。我的同事對於處理她的背痛問題很有一套，而她們也在過程中聊到了她的職業，以下是我同事轉述的情形——克莉絲汀是一位相當成功的攝影師，而她來自一個書香世家：她的父親是一位校長，叔叔則是高中的專任教師，甚至祖母過去就已經在社區學校擔任教師了。克莉絲汀在一間相當知名的藝術學校取得攝影學位，

接著在畢業後不久就已經建立起不錯的名聲，出社會十年之後就已經有相當可觀的事業發展。克莉絲汀在眾多攝影師都無法勝任的領域當中出類拔萃，也因此贏得攝影獎項並舉辦展覽，而她的作品也獲得越來越多的共鳴，案子也相對地越來越多。起初克莉絲汀相當樂在其中——雖然她越是成功就越覺得自由攝影師的工作相當輕鬆，但是內心卻變得更加不安。她開始不斷抱怨自己之所以會背痛是因為要常常背著那些攝影裝備到處工作的關係，而她也沒有辦法想像這份工作可以一路做到老，因此她或許應該要重新考慮去唸師院並當一位老師。當克莉絲汀再度向我的同事提到這件事時，我的同事就向她推薦家系圖治療法，不過因為克莉絲汀抱持著半信半疑的心態的關係而毫無展望。克莉絲汀過了幾年就真的放棄攝影工作並重新申請大學，最後以三十歲末段班的年紀展開學習並取得教師資格。這麼多年下來她還是會因為背痛的問題一直回去找我的同事，而我的同事也終於開口問她究竟為什麼要選擇轉換職業跑道，而她這麼回答，「我當時真的覺得自己應該要理智一點。」後來她就真的再唸了四年的大學，現在則是慕尼黑一所高中的數學與藝術老師。她當然不是不快樂，不過她卻放棄了自給自足又自由的工作並選擇一份更安定又更「平凡」的職業。克莉絲汀顯然沒有察覺這一切與氏族之間的關係。

經驗法則

- 我們根本沒有辦法自由選擇職業——因為就業選擇向來就是個人志願與潛意識中家族標準之間的折衷選項。

- 家族中的職業分布對我們的銘印遠勝過我們內心的想像。尤其是當家族中許多人都從事某種特定職業時，那麼就要嚴正又有自我意識地面對與處理。好好地問自己，究竟是想要展現對氏族的向心力呢？還是要當一匹脫韁的野馬？

- 以下這些職業會經常在氏族中一代傳一代——工匠、醫生、律師、農夫、餐飲業、教師以及與財經或社工相關的職業。

＊練習五
家族中的事業

家傳的事業究竟會對我們造成多大的銘印？到底會帶來多強大的制約呢？請你好好地想一下自己家族中的家傳職（事）業是什麼？如果想不出來的話，那就看看家族成員多半從事哪個行業的工作？教學類？社會工作類？商業貿易？工匠類？藝術文化類？請用幾句話描述自己心中對於這份職業的看法。接著我要邀請你用積極的態度運用這些來自家庭的

影響力──請想一想，這份家傳職業與你的職業之間有什麼關聯呢？舉例來說，很多來自工匠家庭的人就會試著找一份穩定又腳踏實地的工作；而若是家族中有許多成員從事社會工作的話，在從事銀行業或保險業時就能夠運用自己待人誠懇的特質；而來自工人家庭的人就會散發著勞動者真誠的道德情操──儘管身為公司高層也一樣。因此，你有沒有想到什麼自己可以從家傳職業中援用的特質呢？也請你把它寫下來。

很多案主都表示這種從家傳職業中衍伸出來的能力與工作道德就算援用到其他工作上也能帶來相當多樂趣──也讓他們在日常工作中得到一份安定感。

CHAPTER 6 ｜第六章

與愛何干？
三不五時就要介入婚姻的祖先們

　　當我們談到選擇伴侶和伴侶關係、婚姻與建立家庭這類
議題時，我們自然就會直接想到情愛、浪漫與靈魂交流。我
們的社會總是過度強調這種浪漫情愛的理想世界──美國社
會心理學者芭芭拉・佛列德里克森（Barbara Fredrickson）便
在其著作《愛的力量──重新檢視人類最強大的感受》（*Die
Macht der Liebe: Ein neuer Blick auf das grösste Gefühl*）中特
此強調。這麼說其實並不是無憑無據，因為浪漫情愛就是一
種強烈又重要的感受，於是佛列德里克森才會嘗試用另一種
角度去重新定義這情愛的現象。根據其神經心理學的研究指
出，情愛就是好的化學變化共同發揮的時刻，兩者之間產生
共鳴的那個時間點。無論是婚姻伴侶、最好的朋友或短暫的
調情──情愛就是正面交流下的一種確切時機，給予我們一
種煥然一新、振奮精神並與對方產生共鳴的感受。

　　儘管這種方法與我的工作方法之間自然相去甚遠，我
還是要稍微提到這種關於情愛時機的定義方式，因為我認為

這是對於情愛的一種最小化定義，既合理也站得住腳。我在
工作中總是不斷地證實一件事——凡是人與人之間那些需要
投入感受的關係、情愛與婚姻，倘若找到了靈魂的伴侶，那
麼內心深處來自氏族的潛意識動力就勢必會牽涉其中。當一
位女性找到或回心轉意投向那位「生命中的男人」時，情愛自
然扮演著關鍵的角色，不過卻不是唯一的角色。當我們在尋
找固定伴侶時，我們也一定會選擇一位與氏族動力契合的對
象，諸如有相似的「家世背景」，像是他的外型、職業、家世
條件是不是與自己的家族之間有著重複的規則與經驗。或是
我們找到了不一樣的伴侶，不過他卻可以代償家族系統排列
中的某種缺陷、罪惡與不平衡。此外，當然也有羅密歐與茱
麗葉這種類型，這種情愛關係就是儘管雙方家庭水火不容，
這對伴侶依舊決定要在一起，而我們就會覺得這樣的關係特
別的純真又高尚。當然就某個層面來說也沒有錯，畢竟這種
關係的動機不是家庭可以左右的，此外與羅密歐和茱麗葉的
故事是以悲劇收場也脫不了關係。這個故事告訴我們，「若
是沒有辦法獲得家庭的認可，那麼情愛就會無法延續。」我
想要稍微修改一下這句話，「若是沒有辦法獲得家庭的認可，
那麼情愛就會困難重重。」我的工作中對於這種家族認可的
定義不僅是家人喜歡這個對象或是覺得彼此門當戶對，而是
有辦法讓這段關係融入氏族的邏輯與動力之中。

　　當我們更進一步思考這個情形之後，內心自然就會出現這樣的問題——怎樣的關係才會適合自己的家庭？怎樣的關係才不會為家庭帶來衝突？我個人認為，這種關係是不存在的。當然了，自己與伴侶所期望與體驗的一切，若不是蘊藏著一再重演的家庭問題和困難，不然就是出自於真正自由的選擇，也就是去追求適切、自由與愛情，並且從另一種階層、文化與完全不同背景的家庭中找到伴侶。心理分析學者安妮・安瑟琳・舒成伯格也表示，「我們都是一對對混合伴侶的後代。」當兩個人在一起時，那就會為對方的家庭體系注入不一樣的元素——可能帶來歡喜，也可能帶來衝突。舒成伯格總是不斷地強調，我們要對於事實有所意識，因為感情關係中有許多問題都是因為背後的家庭／氏族動力產生作用而出現的。關於這個部分也完全與我的觀點與工作經驗相符，而我們當然也不能任由情愛就此敗壞。最重要的是去了解伴侶關係中出現的危機往往與一再發生的舊有衝突有關，而這些衝突都會讓伴侶看起來不屬於自己家族的一份子，也沒有辦法重述家族的規則與原則。

　　關於這點我希望自己不要造成任何誤解——我認為任何人在選擇伴侶時都想要尋求真愛，尋求適合自己、充滿魅力與性感的對象，只是氏族因素往往會在這部分帶來相當強大的影響力。假如我們讓自己意識到這點，那就可以理解隱藏

在那惡名昭彰的「牙膏用完總是不蓋上的爭吵」背後往往有某種與氏族相關的動力存在。

案例 1：感情因素與身家背景，「我愛你，但是我的家族容不下你」

當我們的愛濃得化不開時，一開始往往都不會想到我們身後的家人。相較於眼前光彩奪目的新關係，家人反而像是不顯眼的附帶品。然後氏族的銘印與模式漸漸地出現，各自家庭的道德觀與看法都在引導著這段感情關係，直到衝突開始出現。這時候我就想到了安妮特（Annette）這個案例。

家系圖六

安妮特

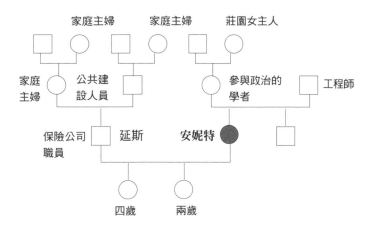

　　安妮特是文理高中的德語教師，喜歡閱讀、學習語言，並且參與校務，因此她也積極加入校務委員會。她的父親是一位成功的工程師，母親則是一位文化研究者並長年在大學任教，她也這樣拉拔三個孩子長大。此外，她也積極參與漢諾威附近下薩克森某個小城鎮的政治事務並在當地頗有名氣。她的家族在戰爭時期經歷了許多顛沛流離與生離死別，當年蘇聯佔領哥尼斯堡時，她母親的祖父母在冰天雪地逃命，甚至得拋下家族在當地擁有的莊園。安妮特現在四十歲，育有兩個女兒，分別是四歲與兩歲，目前一家四口居住在明斯特（Münster）附近鄉間的傳統排屋中。她的丈夫延斯出身於多特蒙（Dortmund）的礦工家庭，他的父親曾經在建設局當工人，母親則是在藥局當店員，而等到延斯與妹妹出生之後，她的母親就辭了工作在家洗手作羹湯。延斯大學主修經濟，目前任職於一家保險公司，主要的工作就是招聘與訓練保險員，事業有成，人品端正。

　　他們倆是在明斯特大學唸書時的一場派對上認識的，兩人一見鍾情——兩人當時都很喜歡音樂，最愛的樂團是超脫樂團（Nirvana）、珍珠果醬樂團（Pearl Jam）與 Co 樂團。他們會一起去聽演唱會，延斯會玩打擊樂器，安妮特會彈一點吉他，有時候兩人也會一起玩音樂。此外，這兩個人都是相當冷靜又嚴謹的學生，這點多少也與當時放蕩不羈的同儕

們有些差異。兩人行為端正，不過一樣相當受到矚目。安妮特不僅是個冷面笑匠，而且相當聰明；延斯則是相貌堂堂，人緣極佳。這段感情就這樣一路走了下去，直到結婚生子。只是自從兩人有了小孩之後，一切就變了，問題越來越嚴重──現在兩人之間只剩下爭吵。延斯希望安妮特可以辭去工作並在家帶小孩，然而事業成功又備受肯定的安妮特前不久才得到晉升副校長的機會，眼看當校長的目標就在眼前了，安妮特當然想要好好把握這樣千載難逢的機會。對此，延斯實在想不透，他不懂妻子為什麼要花這麼多心力在工作上，她明明就有小孩了。然而安妮特卻想要獨立自主，她想要兼顧家庭與事業，心中也希望可以在這樣的情況下拉拔小孩長大。魚與熊掌難以兼得，兩人之間的認知差異實在難以克服，安妮特覺得延斯狹隘又小家子氣，對於事業沒有遠見。她也無法理解延斯為什麼會那麼小器，從來也不願意花錢去度假。此外，他對文化與書籍一點興趣也沒有，她實在越來越受不了他了。相反地，延斯則是覺得安妮特對孩子太無情了，滿腦子只想著書籍與那些學校的瑣事──她現在甚至還積極參與教師工會的事情，延斯想到就一肚子火。

　　安妮特來找我時已經在考慮離婚的階段了，她認為，「延斯與我的價值觀不同，我們倆不適合在一起。」

　　其實就安妮特的氏族邏輯而言，她並沒有錯。相較之下，

延斯來自一個平民老百姓的礦工家庭，生活得靠勞力換取所需，勤儉才能持家。他的母親總是在家照顧他與妹妹，不管過去有什麼事業與成就，一旦當了母親就得放棄一切，走入家庭。因此，延斯的潛意識中明確地以為「女人就是要在家相夫教子」。他自己事業有成，而他也覺得他可以算是光宗耀祖。他也想要像父親一樣為了家庭而打拼，賺再多的錢都是為了養家。安妮特的家庭就不一樣了，她來自一個受過教育的中產階級家庭。她的父母親都受過高等教育，母親是獨立自主的女人，甚至涉足政治事務──她從來也不願意接納延斯這個女婿。這麼說好了，安妮特與延斯一直都沒有注意到彼此之間的問題其實來自家庭層次的差異，也就是門不當，戶也不對。這種不同社會階級與文化圈的結合往往都蘊藏著相當高的潛在衝突，這都可以追溯到潛意識中的家族銘印。當安妮特與延斯還沒有小孩的時候，氏族原則中的差異以及在潛意識中那種背叛家族的感受都尚未出現，然而這樣的家族動力卻在小孩出現之後產生極端的變化。正因為兩者對於家庭與小孩的認知如此不同，於是爭吵就變得更加頻繁又激烈──雙方站在相對的角落並對彼此抱持敵意，認為對方背叛了自己的家族原則。

　　一位聰明睿智又愛著丈夫的女性以及一位有魄力又理智的丈夫在面對彼此於小孩、家庭與事業上的認知差異時，很

多人可能會以為安妮特這個案例可以透過簡短的談話就讓兩者願意退讓並達成共識，然而事情根本沒有這麼簡單，因為存在於雙方態度背後的可不僅是小小的誤解與障礙而已。雙方內心都相當害怕自己會背叛氏族的價值、習俗與模式，就算微小的差異也都要錙銖必較。現在兩人之間出現的不單純只是「無法理解對方與彼此不適合」的感受而已，因為氏族之間的戰役眼看就要爆發。說來可能有些難以想像，但是我在工作中就曾經遇過許多原本情投意合的夫妻最後卻走上分居或離婚之路。

　　安妮特在第一次諮詢時就已經意識到氏族機制對於自己與婚姻的銘印有多麼強大。我在判讀過她的家系圖後告訴她，她內心對於氏族有一種激烈的向心力，強到她想要「拋棄延斯」。安妮特對於我的見解也立刻表示贊同，因此我們又花了幾個小時解決並降低來自家族的能量障礙。以下是我們整合出的兩句認知語句：

「就算我和延斯養兒育女，我一樣是這個家族的一份子。」

「就算我多花點時間照顧小孩，少花點時間經營事業，
我一樣是這個家族的一份子。」

　　安妮特與延斯這樣嚴重的夫妻問題其實透過一、兩次的諮詢是不夠的，過程中安妮特也帶著延斯來參與諮詢兩次，而我們就從兩人各自的家系圖著手研究──進而找出當前爭端的解決之道。

　　我在諮詢的過程中不斷地與他們對話，並且丟出不同的問題，目前兩人之間的爭吵遠比周遭那些「模範夫妻」還要更加頻繁，而戳中痛處的話題往往就是「誰去上班賺錢，誰在家照顧小孩……」凡是聊到這種話題就一定是以吵架收場。然而目前這樣的歧見至少不再是一道無法逾越的牆了──兩人都選擇退了一步，一切都有商量的空間。簡單來說，延斯最近拒絕了一個升遷機會，這樣一來他至少就不用一直加班──自然就有時間每天早上送孩子去幼稚園，而安妮特也放棄了升副校長的機會。兩夫妻也達成共識──不放棄彼此的職涯發展，只是先緩個幾年，直到小孩上小學之後再說，目前就是多花點時間陪伴年幼的孩子。

　　關於分居的話題已經落幕了，我們也藉此見識到伴侶之間的歧異與其所帶來的銘印──至少戰火已經平息了。兩人重新拾起共同的嗜好──音樂。延斯在地下室重新組起自己的打擊樂器，而安妮特也彈吉他伴奏。安妮特表示這說起來還真有些難為情，不過兩個人都玩得相當盡興。

　　我們可以從安妮特與延斯的案例中清楚看到氏族規則與

動力對於一段穩定感情的影響，儘管雙方心智健全也一樣會落入混沌、紛爭與敵對的情境之中，就算這是一段「有效運作的」關係且伴侶彼此真心以對，又一起走過多少美好的浪漫時光也一樣。

經驗法則

- 一段感情中的衝突常常與雙方對彼此的認識無關，而是氏族規則在雙方家庭、生活型態或價值觀上所造成的差異。
- 假如伴侶的父母對於雙方的婚姻強力反對，那表示父母輩的觀點與感受會在潛意識中對於這段關係造成負擔。

＊練習六
我的感情關係

想想你自己過去的戀情並在紙上寫下三個重要的名字，然後分別回想一下當時這個對象是否能融入自己所屬氏族或核心家庭的規範之中。有時候我們會發現一些後來覺得不怎麼樣的對象卻是相當「門當戶對」的人選，這些人很可能是自己的父母或手足至今提到仍會覺得錯過了好可惜的對象——那我們也就很清楚分手的原因了。又或者想到某個當時很愛的對象，但是雙方家庭在家世背景、銘印與文化上迥然不同，

最後以遺憾收場，而且也早斷了聯繫。請試著透過這個練習去感受一下家人與家世背景對於伴侶選擇所帶來的銘印，或是其在過去所造成的銘印。

要是你正處於一段穩定的關係中，那麼你也可以進一步檢視身邊這個對象在哪些情形下符合氏族的標準？哪些情況下又無法融入呢？請寫下三項共同點與三項差異。提示——就算共同點很少也不要慌張，你只要試著在那些因為差異所造成的摩擦上有所警覺即可，而且也要更加包容對方。

題外話——傳說中牙膏用完總是不蓋上的爭吵

前面提到安妮特與延斯的案例確實有些特別，因為兩人之間是在孩子出生之後才出現爭吵的。

這裡談論的是一種整體現象，許多研究證實伴侶在小孩出生後都會覺得雙方的關係每況愈下。小孩的出現在這種情況中就是一種「傳統化的驅動力」——男人要多工作，而女人要少工作並在家照顧小孩。德國幼教之父瓦希里歐斯・費納克斯（Wassilios Fthenakis）在一項長年的研究中對此議題提出相當驚人的數據——他透過問卷調查證實一般沒有小孩的伴侶平均每周工作三十個小時，等到小孩出生之後，父親的工時會增加到每周四十個小時以上，而母親的工時卻只剩

下十個小時左右，這個現象會在小孩幼年時維持不變。儘管這個研究結果是十年前的事情了，現今這個現象也不若以往顯著，不過依舊存在。這種突然轉向傳統家庭結構的變化會讓伴侶雙方覺得彼此不再同心協力了，漸漸覺得對方有些陌生，甚至有種被背叛的感覺。儘管我現在沒有辦法明確地證實，不過在閱讀這些研究與統計數據時，我經常都會覺得有別於結婚這件事，人們在建立家庭時反而會想要將強加於身家背景之中的氏族原則貫徹始終地執行下去。當我們檢視母親與祖母那一輩之後就會發現，家庭主婦或工作半天的情形其實相當常見。當我們這個世代或是正要成年的女性也開始重複這樣的行為，並且待在家照顧小孩時，許多政治人物與社會學者都會以模範角色欠缺的論點來解釋成因。我個人認為女性在這個部分也與氏族有著深沉的糾葛，同時也藉此向年輕一輩展現她們的向心力，不論她們是否有意識到這點。

　　此外，從另一個觀點看來，許多伴侶在尚未有小孩時就描述出這種動力的存在，也就是打從雙方陷入戀情開始就已經注意到彼此之間的差異了。這種關係如果可以親密並長久地發展下去，那麼那些枝微末節就會越讓彼此感到不耐煩。因此才會有人會為了屋中整不整齊吵架、為了買哪款車子吵架或是為了擠完牙膏不蓋上蓋子而吵架。我的解釋是這樣的——當我們與同一個對象在一起越久時，彼此就會更加認真

嚴肅地看待這段關係——這樣的結合也會讓雙方氏族的動力與對感情的影響力變得更加強烈。

　　有些案主也會明確地表示自己在經歷了幾年自由自在又熱情洋溢的感情之後，某天突然覺得自己像老媽子一樣訓斥自己的丈夫把家裡弄得一團亂或是太晚回家，要不然就是突然明白了老爸總是告誡自己「做人要腳踏實地，穩定的工作比自由更重要」的箇中道理。

　　我們只要用心觀察自己的感情關係就會發現，其實擠完牙膏不蓋上這種層次的爭吵背後往往都是有原因的——我們想要告訴對方，我們無法理解他的行徑，我們看法不同，因為我們擁有不同的氏族原則。當我們清楚這一點之後，那麼將來就可以省去一些瑣碎的爭吵，因為有些事情真的沒有必要一再耳提面命或指責對方了。畢竟對方來自不同的家庭背景與原則，有著不同的價值觀，實在沒有必要為此改變對方。這種看法往往就是改變某些態度的開始——坦白說，我們常常為對方的一些行徑感到不耐煩，不過心裡還是愛著對方的，而且也希望可以繼續一起生活下去，並期望一切如常。

案例2：單親媽媽的情形就由我們這代終止

　　我在前面這個案例中已經稍微提到，雞毛蒜皮的爭吵往往會在伴侶與家庭關係中演變成一發不可收拾的情況，甚至

造成分居或離婚的結果。其實有些伴侶可能本身就不適合在一起，而在我的診間中也經常發現，這樣的不歡而散有時候也與彼此氏族的動力明顯有關。

　　我經常遇到一些與親生小孩父親徹底決裂的女性案主，她們獨立扶養小孩，而父親的角色完全不存在。有些女性甚至經歷過好幾段最後徹底決裂的感情關係，而在每段關係中都生了孩子，其中那些父親不是跑了，就是打從一開始就不關心小孩。

　　當我們進一步詢問究竟發生甚麼事情了？其中很多人不是提到對方壓根就不是「適合建立家庭」的料，否則就是說兩人其實很適合彼此，爭執是在小孩出生之後才變得一發不可收拾，而某些女性在回想時也會不時地覺得是兩人一起親手毀掉那段感情的。

　　每當這種在經歷兩段以上的感情關係結束後還帶著小孩的女性來找我時，我都會更加謹慎地接手處理。根據我的經驗，這種生活與家庭經營方式絕對值得進行家系結構分析，因為這樣周而復始的分手動力經常與家族歷史與家庭系統排列有關。

　　關於這種「小孩一出現，感情就生變」的重複循環，我想以伊莉莎白（Elisabeth）的案例來作進一步解釋。三十三歲的伊莉莎白育有兩個孩子，分別是六歲與一歲，不同生父。

伊莉莎白與小女兒史黛拉（Stella）的父親剛分手，而這男人幾乎人間蒸發，既不幫忙負擔家用，關於親生女兒的第一次諮詢也一樣漠不關心。伊莉莎白是科學研究人員並在一所大學工作，做事勤勞又有條理，自己獨力扶養小孩，從旁人的角度來看實在沒有什麼好挑剔的。然而，伊莉莎白也曾捫心自問，她的感情路究竟是出了什麼問題？她也因此尋求心理治療，而一切也很順利，不過因為這樣的問題一再出現的關係，她便在朋友的建議下來找我預約了兩次諮詢時間。

伊莉莎白的家系圖中關於分手與「父親缺席」這兩個議題有著完全不同的肇因。我們首先看到的是伊莉莎白的母親有好長一段時間獨力扶養她長大——她在 1989 年柏林圍牆倒下時就選擇離開她的丈夫並帶著年幼的女兒遷往科隆。伊莉莎白的父親是一位醫生與社會主義者，他當時選擇留在東德生活。伊莉莎白當時才四歲，於是她的母親就開始獨力扶養她。伊莉莎白現在偶爾會與父親見面，他住在德列斯登，目前已經退休。當初其實是伊莉莎白主動與父親取得聯繫，當時她大概二十五歲左右，正試著想要獨立自主地生活。她的父親至今偶而會在財務上伸出援手——畢竟她的童年回憶中幾乎沒有父親的參與，而父親對於她與母親而言，彷彿就像是過世了一樣。然而，這背後的真實情感糾葛中，她的父親至今還是無法原諒她的母親選擇帶著孩子搬到西德這件事情，不

過他們的婚姻早在那之前就已經出現裂痕了。

家系圖七

伊莉莎白

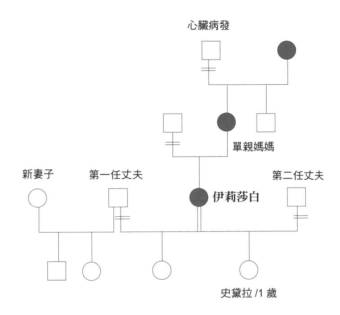

單親媽媽的女兒也成為單親媽媽，其實說來也不意外。當我們揭露某些氏族中潛在的動力之後，那麼就會發現，由單親媽媽扶養長大的女兒可能不認識自己的父親是誰。換句話說，「單親家庭」的原則很容易一代傳一代，其後潛藏著女

兒潛意識中的向心力。她們會覺得「好女兒」就應該要像媽媽
一樣獨力撫養孩子。這聽來相當矛盾，但這種模式十分的強
而有力——而且在伊莉莎白的家庭之中非常顯著。

　　此外，伊莉莎白的案例中還有一件事情——伊莉莎白的
外公當年是因為心臟病發而早逝。外公過世的時候，她的母
親正好就是四歲，然後就在沒有父親的環境中成長，而外婆
也必須在沒有丈夫的情況下獨自撫養小孩。這種單親家庭與
自己扶養小孩的生活模式已經在這個家庭的女性之中連傳三
代，其也為伊莉莎白帶來雙重的壓力——因為她內心覺得沒
有男人的生活以及讓小孩在沒有父親的環境中長大「似乎才
是對的」。

　　我碰到這種案例時一定會繼續追問關於財務與贍養費
的事情。許多男人在分手之後還是會繼續扮演父親的角色，
就算沒有實際出現在生活之中，也至少會以贍養費或扶養費
的方式繼續幫忙照顧小孩，不然就是採用其他的財務支援方
式。我經常在那種祖父或父親在戰爭中捐軀或早逝的家庭中
發現，女兒或孫女輩往往都肯定會走上分手（離婚）一途
——所謂的前夫，也就是孩子的父親，往往對自己的子嗣漠
不關心，選擇失聯又不支付贍養費，就算有能力負擔也一樣。
我看到這種情況就會推測那是源自祖母與母親那一代所設定
的強烈承襲，因此女兒與孫女就會選擇重複這種「單獨扶養」

的模式。至於分手的另一半，也就是孩子的生父，其不僅是無緣再續，甚至就像「過世了」一樣在現實生活中完全被抹滅。

伊莉莎白的狀況就是這樣，兩次分手都是這樣毫無餘地。她來找我諮詢之後也明白這樣的模式本來就已經存在於家族之中，而她的問題是——她不僅想要明白為什麼她會一再遭遇分手，而且更想要知道，為什麼每次的分手方式都是如此的徹底、且不留一點餘地。然後對方就像人間蒸發一樣，一毛贍養費也不願意出。

當伊莉莎白發現自己的情況與氏族之間的關聯，並且意識到過去世代的模式竟會有如此強烈的銘印之後，她震驚到完全無法相信。除此之外，她與這兩個男人分手的時間點也與過去父親離開自己的時間點相符——她與第一個對象分手時，小孩才四歲，其也正是當年父親離開她時的年紀。而她與小女兒史黛拉的生父分手時，史黛拉的年紀還更小。

伊莉莎白在這高潮迭起的第一次諮詢中繼續述說自己的感受，她表示自己當初選擇對象時並不覺得對方完全不適合成家或者沒有養兒育女的能耐。特別是她的第一個對象現在也已經與另一個女人成家了，看起來相當幸福又可靠。伊莉莎白因此覺得這段感情肯定是在某個時間點上出了差錯，而當時伊莉莎白的行徑也讓這個對象選擇了徹底決裂。至於第二個對象，也就是小女兒幾乎不認識的生父，她印象中的分

手情景就是當時對方總是表現得相當煩躁不安。

　　伊莉莎白的故事聽來也許有些莫名其妙，這點我很清楚。正如我在前面提到的許多沒有伴侶的其他女性一樣，伊莉莎白也會自信十足地認為自己從來也不會渴望擁有一段穩定又幸福的感情關係。然而，許多來自這種欠缺完整伴侶角色家庭的女性（男性亦然）在感情關係中都會一再地面臨分手，最後面臨必須獨力扶養小孩的生活情境。我總是在工作中一再證實，童年時期欠缺父親角色的女性在長大成人之後往往就很難面對並接受一段「有人在一旁陪伴」的穩定感情。當對方想要加深彼此的關係時，像是原本遠距離戀愛的雙方突然住在同一個城市之後，緊接而來的往往會是激烈的爭吵，而無法解決的潛在問題也開始逐一浮現。雖然父親的角色在這裡所造成的銘印可能會讓人覺得無關緊要，不管父親是拋家棄子且人間蒸發或是因為工作繁忙而不常在家，又或是早逝，還是雙親離婚之後父親只有周末會來探視或鮮少出現都一樣。「爸爸不在」與「我的母親沒有伴侶」的資訊會在女兒的腦海裡起作用，進而讓她無法想像自己身邊有固定伴侶的情景。伊莉莎白便是這樣展現自己對於母親與外婆命運的向心力，進而減少內心來自家族體系的壓力。

　　對於伊莉莎白的家系圖與能量工作方面，我在這個重點上進行了好幾次諮詢。以下就是為她規劃的認知語句：

「就算我身邊有人作伴，我依然屬於這個氏族。」

「就算我的孩子擁有父親，他們依然屬於這個氏族。」

　　這樣的諮詢工作自然沒有辦法讓她與前夫破鏡重圓，不過針對該議題的能量工作至少讓伊莉莎白大女兒的生父在一次嚴肅的協商後願意固定支付贍養費，並在財務上提供支援。小女兒的父親則是負起三分之一的教養責任，也就是說，小史黛拉現在與父親之間保持著親密的關係，而這些過去的對象至少也都承諾繼續保持聯繫了。

　　正因為伊莉莎白是在與小女兒的生父分手不久之後就來找我諮詢，因此我們還有辦法改變這段關係。其一就是透過簡單的能量方式為雙方的僵局找到新的溝通管道，另外，伊莉莎白也可以藉著新的認知溝通與其分手的伴侶達成共識，而這在過去是壓根不可能發生的事情。其中一項重要的步驟就是要與兩位過去的伴侶進行長時間的斡旋，好讓雙方能夠交換看法——像是要與史黛拉維持怎麼樣的關係，還有雙方對監護權與協議的想法。至於大女兒這方面，因為伊莉莎白當初以相當武斷的形式與對方分手，而態度也相當惡劣——因此實際上就沒有這種轉圜的餘地了。至於這種防禦機制是否也是來自氏族的銘印，其實也只是推測而已。伊莉莎白自

己則是覺得相當有可能。

　　許多年後，伊莉莎白現在也有了一位固定伴侶，只是兩個人沒有住在一起。我當時在處理她的案子時也發現，假如她的伴侶只是參與她部份的人生，而不是完全加入她的生活時，這樣反倒會是個輕鬆又自在的解決之道。但對於現在的她而言，這樣可能還是太多了點。

　　我在這裡必須要強調一件事──我認識很多獨力扶養子女的女性，而她們都有辦法漂亮地處理各種日常瑣事並讓孩子在無所欠缺的環境下成長。我絕對不希望人們因此對於這些女性有任何「活該」的看法。然而，對我來說，這種女性中有許多人在毫不自知的情況下都在乖乖地依循著氏族的法則、機制與行為模式走。就我的觀點而言，藉由更進一步的處理並為潛意識的問題帶來曙光是一件很重要的事情。我總是可以在諮詢過程中藉由家系圖工作找到修補感情裂痕的方式，而那些失聯的父親往往都會在諮詢過程中再度出現，無論是實際的陪伴或是以金援的方式出現。他們也會開始關心小孩，而母親與孩子的生活條件都會出現可觀的改善。此外，許多案例中的雙方也會在支付贍養費這個部分獲得一致與長期的共識。

經驗法則

- 如果外婆很早守寡,而母親自幼失怙——那麼(孫)女兒就很有可能重複這樣的模式,因此總是會與每一任伴侶分手,尤其是當小孩出現的時候。
- 父親在財務上對於孩子不聞不問的情形往往與上一代的父輩或祖父輩早逝、缺席有關。

＊練習七

與人的親近程度?

每個人對於人情的親近程度都有一定限度,而以下關於親近與距離的問題就可以幫助你釐清自己對於親近或陌生的需求程度。

1. 過去有沒有遠距離戀愛的經驗?經常談遠距離的戀愛嗎?或是從來沒有過?當時覺得很棒嗎?還是覺得糟透了?

2. 某一任伴侶曾經一度因為太親近又太和善的關係讓我有些厭煩,當時的對象是……那種「人太好了」的感覺讓我有些不自在,因為……。

3. 「跟這人生小孩就要有自己扶養的準備。」妳會覺得這句
　 話聽起來很熟悉嗎？當初為什麼會有這種想法呢？

4. 家族中的女性都是自己養育小孩的嗎？還是一直都有伴侶
　 相隨？妳有沒有類似的遭遇呢？

5. 家族中有沒有那種相當緊密並近似共生的感情關係呢？回
　 想一下這樣的感情關係，問問自己──自己也過著類似的
　 生活嗎？自己的感情關係中也有出現過這樣親密又專一的
　 角色嗎？

案例3：外遇與謊言，一代接一代

　　當人們藉由諮詢觀察氏族中的感情關係與其模式時，經
常不免都會扯到外遇這個話題。其中最先出現的基本考量與
經驗值就是──當父母的其中一方或雙方持續外遇的話，那
麼自然就會激起一連串的後果。任何存在著性愛不忠的地方
就一定會有欺騙與秘密、隱瞞與糾紛。伴侶雙方都不願意讓
對方知道自己真實的感受、期望與熱情，這樣就會摧毀父母
關係之中的自在、坦率與信賴。父母之間的氣氛若充滿猜忌
與提防，就會深深地影響到小孩，也許孩子長大之後在記憶
中找不到這樣的感覺或意識存在，或是他們覺得父母的關係

「跟我們沒有什麼關係，也沒有對我造成影響」，然而這種小孩心中對於人生會存在著一種內化的銘印——「家就是一個互相欺騙的地方」或「感情關係中必須要小心提防著彼此」，甚至有些人的心中會出現「其中一方會外遇的伴侶關係才是所謂的家庭」這樣扭曲的想法。

此外，還有一種家庭就是伴侶之一是外遇的慣犯，一再地加深這種加害者與受害者的動力——然後另一方就總是只能坐在家裡覺得自己遭到背叛、哭泣或自怨自哀，而另一個則是意氣風發地在外過著狂放不羈又自我的生活，讓另一半陷入悲慘的情境中。正因為外遇是家中持續不斷的議題，因此這種家庭中的小孩就會演變出這樣的想法——「好的家庭就是一種加害者與受害者的感受」。我從臨床的經驗中推斷，家族中關於背叛、猜忌與外遇的話題對於後代的銘印非常強大。也就是說，就算這種家庭中的子女下定決心，自己絕不要步上這樣的行為模式——其往往也會出現類似的行為。

正如人生中的其他事情一樣，我們經常會重複自己小時候在家庭中看過的行為模式，就算我們曾經對天發誓自己絕對不要重蹈覆轍也一樣。知名心理學家舒成伯格就曾表示，「孩子不聽話真的沒有什麼好煩心的，因為孩子的所作所為往往都是自己過去的翻版。」不管我們談論的是背叛或外遇，真的就是如此。

　　這時候我就想起雅莉珊卓（Alexandra）的故事了。我們是在她三十四歲時認識的，她當時在一家顧問公司工作。她事業心很強，膝下無子並有一位「很棒的丈夫」，這是她的說詞，當時他們已經結婚三年了。雅莉珊卓的丈夫丹尼爾（Daniel）本身也事業有成，當時在一家銀行擔任主管職。這兩個人的家庭背景相當不一樣：雅莉珊卓的父母過去在提洛爾（Tirol）經營一家旅館，現在由雅莉珊卓的大哥繼承家業。當年她的母親在拉拔他們三兄妹長大的時候也一樣還是在旅館裡工作，而手足中年紀最小的雅莉珊卓對於父親則有著很兩極的印象，一方面她記得小時候父親是一個很有趣的人，不僅會經常逗她玩，而且在旅館客人面前也是個相當風趣的好人；不過就另一方面來說，他是個臭名昭彰的好色之徒與嫖客這件事也早已是公開的秘密了。父親讓母親的生活飽受折磨，而母親心中的父親既是丈夫與老闆，同時也是花花公子，但是卻甘願忍受十多年。母親很清楚父親夜歸的原因，因此常常在哭，後來不僅常常生病，也一度陷入憂鬱。

家系圖八

雅莉珊卓

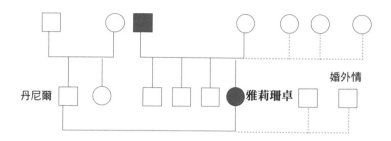

丹尼爾　　　　　　　　　　　　　　雅莉珊卓　　婚外情

　　雅莉珊卓的丈夫丹尼爾則是來自完全不一樣的家庭。他的母親至今仍在一所職業學校任教，父親則是某教育中心的主管，而丹尼爾及他的妹妹一直都能夠與父母和諧相處。父母至今仍然相處融洽，一起享受兩人的時光。兩個人都對文化很有興趣，也很喜歡運動。

　　家庭背景的形塑與機制讓丹尼爾成為一位相當可靠又忠實的男人，他甚至在交往一開始就告訴雅莉珊卓自己會忠心不二地愛她，而且一路走來，他真的始終如一。雅莉珊卓在大學時期愛上了丹尼爾，因為他真的是個真誠的好男人，不過這段感情卻在幾年後出現重大的危機。雅莉珊卓注意到自己對於丹尼爾開始感到不滿，因為他對她「實在好得不像話」。她發現自己寧願對方偶爾「像個混帳一樣」也好，不要總是一

副「好好先生」的樣子——雅莉珊卓如此描述自己在這個階段的感受。其實她在潛意識中已經開始與自身氏族的機制交戰。對於雅莉珊卓而言，雖然說來有些弔詭，但是「勢必都要有一方出軌才是真正的感情與婚姻」，因為她父母之間就是這樣子的關係。換句話說，這個階段的雅莉珊卓就是在要求丹尼爾至少要有「出軌或背叛」的蛛絲馬跡，這樣才能夠化解雅莉珊卓心中的壓力——因為自己的婚姻關係與父母親的不一樣。然而，丹尼爾終究不是那種可以「稍微變得冷漠無情一點」的人，他不懂箇中的道理。

雅莉珊卓實在不懂自己為什麼會這麼在意這些事情，也不懂自己對這樣的感情是有什麼好不滿意的？最後她出軌了——她愛上了一位同事，兩人背著丹尼爾發生一年的婚外情。等到一切東窗事發時，丹尼爾對她的信任也隨之崩毀。他變得憂鬱、自閉且失去自信，每天除了上班下班以外已經沒有其他生活可言。小倆口在幾個月後決定攜手振作並開始重新進入和諧的階段。然而，雅莉珊卓卻發覺自己對於外遇這件事情並無法善罷甘休——總是不斷地愛上其他男人，主動挑逗對方，後來又偷偷地發生兩次一夜情。她為此感到羞恥，但是又覺得自己別無他法。

她就是在這個時候前來尋求諮詢的。她是一位懂得自省的女性，她心中的疑問是自己為什麼會突然變得不忠，畢竟

她根本也不想要像她父親那樣的丈夫，她要的是能夠忠實相伴的伴侶。後來我們一起建構了雅莉珊卓的家系圖，而她很快就理解這一切的來龍去脈——她在潛意識中想要當一位乖女兒並承襲父母的相處原則，因此她必須要找一位會背叛她並對她不好的男人。她從小飽受父母關係的折磨，因此便在有意識的情況下找了完全不一樣的男人——而且是忠實的好男人，這其實是相當好的決定。

然而，這樣一位忠實可靠的好男人也讓她脫離了氏族的傳統與常規，這樣就不是媽媽的好女兒了。這樣的內心衝突讓雅莉珊卓期望丹尼爾也能夠「像個混帳一樣」地對待她，但是他抗拒不從，於是她只好主動發生外遇。她現在已經開始擔心這種加害者與受害者兼欺騙與折磨的關係會進入她的感情關係之中，就像父母之間的關係那樣。如今，丹尼爾就像自己的母親一樣在感情中飽受折磨。

這種所謂加害者與受害者角色倒置的情況經常發生在類似雅莉珊卓這樣的家系圖之中。往往像是這樣的女性都會找到類似父親那樣喜歡主導又強勢的男人，如果她們反其道而行並為自己找到了一位好男人，那麼她們就會在感情關係中發展成為像是父親那樣的角色，強勢、冷酷並只在另一半完全臣服的情況下表現出感情。只要多加留意，這樣的動力在感情關係中其實出現地相當頻繁。

　　雅莉珊卓也立刻明白這種角色倒置的關係，她不僅了解自己的處境如此，甚至也可以指認出身邊哪些朋友也處在相同的情況中。因此當我建議她一起著手處理氏族機制時，她也立刻同意了。

「就算我與丈夫對彼此忠貞不二，我依然屬於我的氏族。」

「就算我在感情關係中可以完全信賴對方，
我依然屬於我的氏族。」

　　我們接著就透過這兩句話執行能量工作。雅莉珊卓後來又進行了兩次諮詢，這對她來說是相當深刻又如釋重負的工作。她後來也覺得自己更加理解那些擾亂人生的因素，並且明白「人生之所以走偏至這種地步」的原因。藉由這樣的認知之後，她現在也有辦法控制並減少自己內心想要窺視其他男人的渴望。她的結論是——她之所以會對其他男人展開無止盡的熱切追求，與性關係受挫或是展現冒險精神無關，而是來自氏族機制的深層影響力。

　　雅莉珊卓後來偶爾也會寫電子郵件給我，兩夫妻至今還是沒有生小孩，生活相當幸福，常常一起旅行，也培養相同的嗜好。然而，有趣的是在於關係形塑這一方面，當雅莉珊

卓的家庭銘印獲得解決的同時，來自丹尼爾家系的銘印反而
就變得更強了——現在小倆口一起享受人生，並且也培養了
共同的嗜好。

經驗法則

- 當父母或祖父母那一輩存在著加害者與受害者的關係時，氏族中的孩子就非常有可能在自己的感情關係中發展出相同的加害者與受害者的動力角色。
- 當家族之中存在不忠與背叛時，那麼小孩將來就很難在感情關係中忠貞不二——和諧又忠誠的關係往往會讓他們覺得不對勁。
- 不忠與性別無關——如果一個家庭中出軌的是父親，女兒也會直接承襲這樣的模式。

＊練習八
父母的衣缽

我們也許都意識到父母之間的關係並不一定是我們的榜樣，而我們經營感情關係時卻經常默默地受到來自父母的影響，無論是態度、價值觀與行為模式。為了要幫助我們意識到這樣的銘印，那麼回想一下自己家中的氣氛是相當有幫助的，其中像是以下這些問題：

1. 如果要用三句話形容我們家星期天下午茶時間的氣氛，我
   會這麼說……

2. 回想一下父母之間的美好畫面，我會想到……

3. 回想一下父母之間的恐怖畫面，我會想到……

4. 當父母雙方都在場時，氣氛總是會變調，因為……

現在仔細看一下自己的答案——怎樣的議題或氣氛貫徹其中
呢？那會是種銘印嗎？自己目前的感情關係中也是這樣的氣
氛嗎？還是來自你自己組成的家庭呢？

訣竅：當你在工作、家庭或日常生活中發現自己正在重複某
種來自父母家庭的態度與氣氛後，那麼之後面對類似的情況
時就可以適時地保持距離，並且選擇做出不一樣的應對——
選擇適合自己的行為才能更加符合自己當前的生活。

案例4：重組家庭？儘管用心經營，依舊紛爭不斷？

德國聯邦政府於 2011 年公布一份關於家庭、老年人口、
女性與青年的分析資料表示，「資料庫顯示德國約有 7%-13%
的家庭為重組家庭。」每個人大概都注意到這種所謂的另類
家庭組成也在周遭的社交圈中逐漸增加——或是我們自己就

與新伴侶組成這樣的家庭。家庭系統治療師馬帝亞斯‧歐克斯（Matthias Ochs）與萊納‧歐爾班（Rainer Orban）就在其知名著作《不一樣的家庭》（*Familie geht auch anders*）中表示重組家庭就像是重新接合的家庭系統排列一樣。這本專研重組家庭的書飽受各界推崇，書中提供了許多富有建設性的解決方案，不僅如此，其也證實這種新型態的共生架構其實非常好懂，可以說是種獨樹一格、生動又令人喜愛的大雜燴。

　　我在工作上看到的重組家庭經常都是兩個單親家庭在同一屋簷下生活的案例，兩個單親家庭突然變成一個雙親家庭，不但正面交鋒而且沒有一件事情是順利進行的。新的「雙親」都會非常努力為自己的子女與對方的子女建立溝通的橋樑並為這樣的新處境尋找良好的相處方式。除了特殊情況以外，現今的繼父與繼母根本都不像童話故事裡那樣邪惡又醜陋，而是相當真誠地接下照顧對方孩子的角色，而且從來也沒有想要取代生父或生母的位置。

　　儘管如此，問題還是一樣源源不絕。所有人在意識的層面上都希望一切順利，不過潛意識的層面上卻是埋伏著衝突與矛盾的心理，特別是孩子們。手足與新手足之間爭吵不休，家庭計畫或任何類似的情況都會遭到破壞。用心的父母都可以理解新家庭系統排列之下的問題，而我在這裡就要介紹一個家庭作為重組家庭上演衝突的範例。

　　關於氏族模式對於新家庭的影響以及來自原生家庭持續作用的強烈動力，我可以藉由塔提安娜（Tatjana）與拉福（Ralf）的案例清楚表達我的看法。四十八歲的塔提安娜是來自慕尼黑的心理學者，她前幾年來找我時表示自己認為新家庭需要更多的和諧氣氛。塔提安娜自己在前一段婚姻中生了三個孩子，大兒子當時八歲，接著是五歲與三歲的女兒。她的前夫是一位經常在外出差的生物學教授，前一年在當訪問學者時愛上來自美國的同事，然後就不回家了。這對塔提安娜與孩子來說是非常大的打擊。

　　成為單親的塔提安娜也很快地認識了一位新伴侶——拉福。拉福是警察，育有兩子，分別是六歲的兒子與四歲的女兒。拉福的妻子在四十二歲那年突然腦中風過世。拉福很開心自己可以這麼快找到新對象，而且對方也是打從心底愛他。這新拼湊而成的七口之家最後搬進了塔提安娜的房子裡共同生活，因為她的房子比較大。儘管拉福與塔提安娜都很努力讓孩子生活無虞，甚至也開始互相照顧對方的孩子，家裡依舊吵個不停。儘管一起共同生活了四年，這樣的情況還是沒有改善，甚至越演越烈，而現在雙方孩子之間的敵對意識已經瀕臨極限。每次當塔提安娜向拉福的孩子提出建議時，不論是課後活動、度假旅行或學校課業，他們不是充耳不聞就是直接打回票。簡單來說，拉福的孩子們對於塔提

安娜的看法就是「沒心情聽她說話」。此外，塔提安娜即將滿十二歲的大兒子尤司圖斯（Justus）則是常常對拉福出言不遜，情況嚴重到塔提安娜也沒有辦法以青春期作為藉口輕鬆帶過。

　　她來找我時非常擔心自己「共同組成新家庭」的計畫就要失敗，再加上尤司圖斯在校成績大為退步，而他也沒有心情跟朋友見面──他花太多精力在家裡吵架了。塔提安娜與尤司圖斯一向非常親近，而他也多次表達自己要是不用跟其他人朝夕相處的話，那麼情況應該會好很多。拉福一直非常努力想要融入，他不僅帶孩子出遊與游泳，也試著與孩子之間維持良好的溝通。儘管如此，尤司圖斯依舊不領情。

　　然而，他們的家系圖就當時的諮詢時間點而言也不再是全新的家庭系統排列了。對於這種明確的案例來說，即使祖父母那輩沒有過多的牽涉也一樣可以從家系圖中有所收穫。

家系圖九

重組家庭

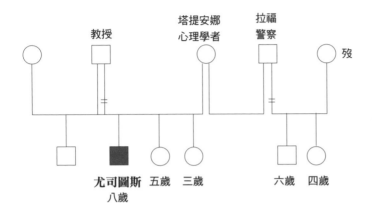

　　首先，我向塔提安娜解釋原生家庭的規則與機制會持續為重組家庭帶來影響，而且是潛意識層面上的影響。尤其對小孩的影響又最為顯著——他們會以為原生家庭比新的重組家庭更重要，我想任何家庭諮詢或家庭系統治療專業人員都不會否認這點。

　　我進一步向她解釋第一個家庭的系統排列會在潛意識中繼續產生作用。就某方面來說那也是原生家庭的準則與價值，因此每一個手足都至少會保護原生家庭中部分的規則、習慣與價值，並因此排拒其他家庭的規則、習慣與價值。舉

例來說，拉福的孩子之所以會對於塔提安娜提出的課後活動或度假意見置之不理便是因為這些事情與他們的原生家庭不相符。這兩個小孩的生母是一位插畫家，平常就是在家工作，她經常花時間與小孩一起做手工藝或勞作、煮果醬、打毛線、過節時烘焙餅乾，並且喜愛所有類似的家庭活動。這些都不是塔提安娜會做的事情，她對家事一竅不通，而這位心理學者喜歡把時間花在戲劇上。因此，拉福的孩子拒絕塔提安娜提議周日一起到兒童劇院看表演或參與類似的文化活動都情有可原。相反地，塔提安娜的兒子尤司圖斯也拒絕與拉福一起去游泳。原因除了他一直比較喜歡踢足球之外，也跟其原生家庭的父親幾乎不會花時間陪孩子有關──所以尤司圖斯沒有辦法跟上「新爸爸」如此投入的休閒活動計畫。

　　根據這個理論就可以讓一切水落石出，特別是尤司圖斯這麼難接受新重組家庭的原因。其一是因為他與生父相處比較多年，他在原生家庭度過了八年，比起他的兩個妹妹，其中的機制與價值都還要更深地內化在他的心中；再來就是他們的生父早在離婚以前就已經常常不在家，甚至對他們不聞不問，而新爸爸卻這麼想要關心他們並努力想要接近新的「繼子女們」。我們不難想像這樣其實會在尤司圖斯的心中產生矛盾──一旦他肯定拉福的作為，那便是對於生父的背叛。

　　尤司圖斯正是家中出現此種症狀的人，他是當前的問題

兒童，也是威脅破壞新家庭結構的人，然而此間還有另一個系統排列因素——尤司圖斯是家中長子，也就是所謂的「氏族領袖」。那是一種潛規則——假如父親出門不在家，那麼長子就會接下氏族領袖的重責大任。尤司圖斯的潛意識中或多或少也帶著這樣的任務進入新家庭，然而新手足之中竟然也有另一個氏族領袖，也就是當時剛滿六歲的弟弟，現在已經十歲了。尤司圖斯顯然是兩人之中較年長又強壯的那一個兒子，因此他會費盡心思的利用機會證明自己是家中的老大。這樣的所作所為與傲慢、自我或侵略性無關，單純只是他想要保有自己認識的原生家庭狀態，且覺得自己「必須」要這麼做才行。

　　此外，尤司圖斯的生父因為生物學者的工作關係經常出門不在家，因此尤司圖斯過去就常常是「家中唯一的男人」並一直扮演著氏族領袖以及母親代理伴侶的角色，這些都已經在他心中內化了，所以母親的新伴侶拉福對他來說就是一種危險的存在。另一方面來說，尤司圖斯必須對離家的生父展現向心力這點對他來說也是一種內心的負擔。這位父親顯然不想再融入這個家庭之中，他不想要與他們有任何瓜葛，既沒有陪伴在旁也沒有釋出善意，就是一位完全失格的父親。假如尤司圖斯也想像父親那樣，那麼他就要在新家庭中缺席才行——因此他才會選擇爭吵或漠不關心，對樣樣事情都不

滿意。

　　塔提安娜很快就明白她的兒子尤司圖斯正處於一種剪不斷理還亂的處境並承受著相當大的壓力——而她也很意外原生家庭的系統排列竟然會產生這麼大的作用，就算她花再多心力也沒有辦法輕易應付。

　　許多經歷過重組家庭系統排列的人都會對此有所體認，當然很多新組成的家庭並不會像塔提安娜他們這樣遇上這麼多問題，不過當兩個不同的家庭合而為一時往往都會遇到一些常見的問題。

　　我在執業經驗中對此還觀察到另一件事情——特別是那些經歷過一次破碎家庭的孩子都會在內心產生這樣的觀念，「只有破碎的家庭，才是我的家庭。」也就是說，這正是這兩個不同原生家庭的孩子們心中強烈——甚至有時候是唯一的共同點。他們往往會在潛意識中試圖一起讓這個家庭再次破碎。幾個重組家庭的案主都向我描述孩子們每天都吵個不停，然而只要是關於摧毀特定節日、度假或其他團體活動的和諧時，他們就像見鬼了一樣突然變得團結一致。

　　我著手並解決塔提安娜的家系中一些根深蒂固及關係緊繃的問題，而新家庭的氣氛過了一陣子之後也開始出現些微好轉。塔提安娜透過能量工作與自己的孩子和拉福的孩子們進行了幾次對話——此外她也接受自己不用也沒必要將這些

孩子總是視作「手足」一樣看待。這樣也讓她如釋重負。我個人對於重組家庭的看法是，能量與家系圖工作可以額外減輕熱臉去貼冷屁股所帶來的負擔。

　　塔提安娜開始著手處理兒子尤司圖斯在家庭認知中的角色以及為了對父親展現向心力而形成的問題，對他來說自然也是好事。隨著家庭情況逐漸圓融，而尤司圖斯也重新與朋友相約出遊或踢足球之後，他的學業成績就再次名列前茅——這個部分也許是他對事業有成又有抱負的父親所展現的向心力。我後來從塔提安娜那裡得知，尤司圖斯在十七歲那年就自己找到房子搬出去住了，他當時連高中都還沒畢業。這對他來說是正確的一步，而他也沒有因此與家人起衝突，因為他是在對父親展現向心力——那個脫離家庭的人。

　　塔提安娜的故事其實是相當稀鬆平常的事情，因為這個家庭中並沒有任何人有心理或社交上的問題。相反的，一切發展都很順利，而且塔提安娜與拉福的關係也變得越來越穩定。然而這個案例還是讓我們清楚地看見，儘管他們費盡心思想要為新家庭建立起好的條件，尤司圖斯在這個新的系統排列中仍舊極力抵抗。

　　針對這個案例我還想要說明一件事，也就是塔提安娜的祖父母與曾祖父母輩在戰爭期間經歷了逃亡與生離死別，這個情況自然也對後代產生了一定的作用。這樣的家庭系統排

列更讓尤司圖斯心中產生對祖父的向心力，也同時造成塔提安娜在感情中有著雁影分飛的傾向。這方面的影響在我與塔提安娜的實際諮詢中扮演著相當關鍵的角色。我們在諮詢過程中也確實完成了她的家系圖，根據定義來說是至少要橫跨三個世代才行的。不過在這個情況下，簡化是可以被通融的，因為兩個家庭的交會勢必會在結構中產生許多可以解釋的動力，而且又得是關於重組家庭的特點才行。

> ### 經驗法則
>
> - 父親若是拋妻棄子離家，那麼孩子的心中就會建立起「遺棄」與「崩解」的概念，若不是想要盡早離開這個家庭——不然就會試著讓新家庭不得安寧。
> - 重組家庭中的孩子表面上都會接受「新」爸爸或「新」媽媽的出現，但是內心卻往往無法接受任何意見——他們只聽那位離開家庭的父／母親的話。

番外篇：雙親的分離或去世 & 感到罪惡的孩子

孩子會因為父母吵架或分離而感到罪惡感，這已經是心理學上不爭的事實了。很多孩子會認為，「爸媽會分開都是我的錯」或者「我爸爸不喜歡我了，所以他才會離開——現在會變成這個樣子都是我的錯」。即使雙親的一方過世了，小孩子心中也會產生這樣的罪惡感。孩子潛意識會覺得母親或

父親「沒那麼愛我，不然不會選擇離開。」

　　無論父母其中一方是因為過世而「不在了」或是因為爭吵而選擇結束感情關係才「離開了」，其在潛意識層面上的影響都不會有太大的差異。也就是說，如果重組家庭中有一方是因為父親或母親過世而變單親，而另一方是因為父母不和而離異，這雙方家庭中的孩子在潛意識層面上都會有一個類似之處──罪惡感。我經常發現這種共同的罪惡感會在重組家庭的共同生活中持續增強，甚至兩邊孩子心中的罪惡感還會在互相影響之下鞏固。重組家庭的家長們要持續與孩子討論這個話題，告訴他們那不是他們的錯，父母會分開純粹是兩人之間出現了問題，那是父母雙方要負起的責任，如此一來才能化解孩子心中的疑問。

　　父母其中一方過世的家庭也可以與孩子談論一下這種罪惡感──儘管這聽起來不太合理也一樣。孩子們有時候會因此開始覺得如釋重負，然後慢慢地放鬆心情。接著原生家庭的手足與新家庭的手足之間就會出現新的共同點，也就是兩邊都慢慢地放下心中的罪惡感。就我個人的觀察而言，這種實際又良好的進展只能取代原先就存在的一些困境，而不能取代家系的能量工作。

番外篇：突然迸出的同父異母 / 同母異父兄弟

我在工作上（當然生活中也是）總是不斷碰到一些已經自組家庭或是正準備要成家立業的人突然發現自己竟然有同父異母或同母異父的手足。這樣的系統排列可能是父母一方偷偷有過婚外情，並且不承認或是不願意與私生子女聯絡，最後等到這些孩子長大成人之後才自己與其他同父異母或同母異父的手足取得聯繫。又或者單純是父母其中一方在前一段婚姻所生下來的孩子，而他們小時候不覺得有必要與其他同父異母或同母異父的手足有所聯繫，直到長大後隨著對人生的反思與對人類的好奇心漸長，才終於想要認識自己的家人。

這種聯繫往往都是私生子女或是後生子女這一方的積極作為，有時候甚至非得找到不可。他們想要取得聯繫並尋求身分認同，也想要看看自己除了家中與近親之外的家族系統。

對於第一段關係中的孩子而言，這樣的相認其實也很有趣，不過見面對他們來說卻相對痛苦多了。畢竟他們是「遭受遺棄」或「遭到背叛」的那一方，而眼前出現的同父異母或同母異父手足會讓他們覺得父親或母親完全離開他們是不爭的事實，因此他們便會將這些後繼的手足當作是自己的對手。

　　現在我們再回過頭來看看塔提安娜與她的家庭這個案例。這位長年失聯的父親也許很有可能與年輕的新太太在美國又生了孩子，也許就是個兒子。我們現在只是單純設想而已，畢竟什麼事情都有可能發生。那麼這個在美國出生長大的兒子可能根本不知道父親過去還有另一個家庭，或是小時候曾經聽過，但是當時並不當一回事而已——這種情形其實相當常見。現在兒子二十歲了並準備要去歐洲旅遊，此時突然想起自己在歐洲「同父異母」的手足們，並且與現年三十歲、工作感情都穩定的尤司圖斯取得聯繫。當尤司圖斯接到這位同父異母弟弟的聯繫之後，這對他來說也許並不是什麼好消息，也不覺得會是場相見歡。這位同父異母的弟弟在他的潛意識中就是個新敵人，又是個男丁，又是來試探他氏族領袖地位的人——此外，同父異母的弟弟也會加深他內心對於原生家庭破鏡難圓的感受。

　　正因為我們往往對於這種存在於潛意識的強烈動力沒有覺知，因此也很有可能將這些同父異母或同母異父的手足當作是家族史裡的一種秘辛，然後就這樣接受邀請、見面與認識。其實這樣的相認背後潛藏著相當大的壓力，不過這自然也沒什麼好大驚小怪的。最好的情況就是好好反觀內心並面對心中的百感交集，有些人往往就會希望不要與這樣的手足有任何聯繫。這種相認的情境很有可能激發心理的危機或

震撼，因為人們會藉此再度感受到過去某種程度的傷害與痛苦。我認為這個番外篇的討論相當重要，因為面對這些後來才突然出現的同父異母或同母異父手足，我們往往低估了他們對我們所造成的影響。不少當事人都覺得這種相認或發現同父異母／同母異父手足的存在會加深原有的傷痛動力或明顯改變自己在原生家庭的位置。我的意思並不是說該拒絕接待或認識這位來自美國的同父異母弟弟，只是應該要先釐清這樣的相認可能會造成多深的影響與震撼。

> **＊練習九**
> **我失去的**
>
> 不論父母分居、離婚或其中一方早逝，這對我們的人生而言都是一種失去的經驗，而我們在潛意識中往往都會有一種想要在人生中再次上演的感受。失去手足也是，不論是早逝或無法一起長大都屬於這個範圍的經驗。此外，父母或祖父母的特定失落經驗也可能會對我們造成影響，像是祖母年輕時就守寡或是某個孩子夭折這類的事件。這種失落經驗多半相當痛苦，而我們也都不想回憶起這種事情。然而，讓自己靜下來想想，自己在家庭之中有什麼樣的失落經驗，其實對我們來說是很有幫助的。請寫下心中浮現的兩、三次失落經驗，

然後思考一下，這種導致人們在感情中選擇離開伴侶或讓自己顯得難以親近的失落感——也就是只希望與對方維持短暫友誼或覺得自己總有一天會離開自己孩子的想法。如果沒有實質上拋家棄子的動作，那也可能是從過去某段經驗所引發的情緒或是在自己長期以來舉棋不定的行為上做出的反應。

請好好想一想個人的失落經驗以及祖先對於個人生命所帶來的銘印。你發現其帶來的某種影響了嗎？請寫下其中最重要的一些看法。關於這個話題的認知可能會讓你相當有感觸，不過在我們自動斷了感情聯繫或是在愛情或友情中堅決地撤退之前，這個觸動人心的認知可能對我們有所幫助並能產生更加明確的展望。

重點一：當然有些友情、工作情況與感情是我們可以割捨的。假如我們發現失落的經驗在家族或氏族中的其他世代扮演著相當重要的角色，那麼待人接物就得要更加謹言慎行——也許在跟人斷了聯繫之前還可以更加仁慈一些。

重點二：這樣的練習其實並不容易。假如覺得自己無法承擔，那麼就算了。也許找個治療師或是諮詢師談談失落的話題會很值得——也讓自己好好地看一看失落的經驗究竟對自己造成多大的影響。

案例 5：來自不同國家的家庭成員結構

我在這關於感情關係的章節開始就曾經明白地表示，陷入愛情、成為伴侶，以及最後步入婚姻和共組家庭對於氏族及其邏輯而言是壓力的來源，因為就氏族的定義來說，那就是要面對新奇事物的來臨。目前依據精神科醫師湯瑪士・荷姆斯（Thomas Holmes）及其團隊所提出的社會再適應量表（Social Readjustment Rating Scale，SRRS）來看，結婚的壓力指數是五十，而這個數值大概與小孩出生或失業相當。這些研究人員是依據生活遭遇所帶來的重大改變來作為評量的方式。

我的看法也非常類似，只是我認為承受壓力的當然不會只是伴侶雙方，而是整個氏族——新的人事物混進來了，無論有意或無意地都會為當事人與整個氏族帶來新的發展機會與張力，因此不得不再次提到安妮・安瑟琳・舒成伯格的那句話，「我們都是一對對混合伴侶的後代」，而且她也表示每一段婚姻都是新的混合並會帶來「新的責任」，不管對應的是自己的原生家庭或是伴侶的原生家庭皆然。這位法國心理學者研究來自不同國家的伴侶與家庭並發現，要是這段婚姻中包含了不同的文化、語言、宗教或是移民（移入及移出）和脫離氏族的經驗，那麼來自個別原生氏族的忠誠度就很可

能在這些新家庭中產生混淆與特殊的衝突。「尤其是對於第二代與第三代的子孫而言，他們往往對於家族忠誠度毫無所知。他們不知所措，既不知道自己何去何從，也不知道自己的認同何在。」

　　這位居住在巴黎的法國心理學者便就近描述那些大部分來自北非的穆斯林混合民族，他們幾乎都是移居法國的第三代或第四代了。正當父母輩在思鄉的同時，第二代往往就會對新故鄉建立起強烈的關係並努力想要適應；第三代又會回頭尋根並重視來自原生故鄉的傳統，進而維持那些傳統。

　　這對於移民與難民的不同世代而言是相當典型的一種模式，一而再再而三的發生。此外，不同原生家庭的文化背景也會對不同國籍伴侶間的衝突、特殊性與共同決定帶來影響。氏族也會對感情關係造成影響，小孩亦然，因為他們必須在兩種文化、傳統與價值體系的混合中成長。

　　我本來就不打算為這個複雜的話題單獨開闢章節論述，而是要從不同主題的章節中藉由那些關於婚姻、感情關係與家庭的案例來說明。畢竟這個主題對我來說也是當前諸多典型家庭系統排列的一種。我認為更重要的是所有人可以藉此了解文化差異是如何大力影響家族體系中的忠誠度與認同衝突，以及潛意識中的向心力與補償作用也有可能遭到影響。

　　我接下來要提到都恩雅（Dunja）這個案例。都恩雅從

　　二十八歲就來找我諮詢，轉眼已經十年了。都恩雅的父親是敘利亞人，母親則是德國人。她來找我諮詢是因為她覺得自己毫無動力又頹廢，不知怎麼地又經常感到焦躁憤怒。然而這種情緒狀態實際上也是情有可原，因為都恩雅來找我時正是她沒有辦法完成商業經濟學位的時候，她顯然非常懼怕考試，並且沒有辦法克服心中對於畢業考的障礙，再加上神經緊張已經讓她兩次隨堂考不及格了。除此之外，都恩雅有一位德國男朋友，兩個人已經在一起很多年，也同居很久了，不過這裡只是約略帶過，因為他的角色並不是都恩雅的問題核心所在。

　　都恩雅向我描述自己在學業上出現的狀況與問題之後，我們也開始逐步建構她的家系圖。對於這種由兩個不同國籍所組成的系統排列，我最有興趣的自然就是雙親在這段婚姻關係背後的家世背景條件。

家系圖十

雙國籍家庭

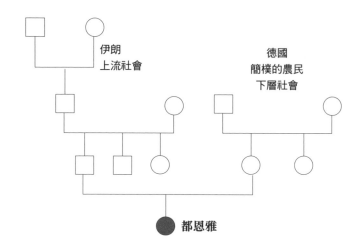

都恩雅的父母是在醫院認識的。她的父親當時是一位年輕的外科醫生，當時與弟弟是被家人送到德國求學並就業，他的弟弟在慕尼黑工業大學學習工程，而都恩雅的父親薩米爾（Samir）則選擇學醫。薩米爾在醫院工作時認識了同部門的護士，接著尤塔（Jutta）與薩米爾進而相戀並一起幸福地過日子。後來都恩雅就出生了，也就是這對夫妻的獨生女。

為了要觀察這段關係所帶來的影響，祖父母輩的情況就相當重要了。都恩雅的爺爺與奶奶來自相當富裕的敘利亞家

族，目前爺爺已經過世了，而他過去也是一位相當成功的商人。其所經營的公司規模很大，而成功經商與富裕的生活是在曾祖父那一輩就很明顯的家族特徵。許多富裕的阿拉伯或波斯家族都會選擇將兒子送到歐洲並在當地的知名大學取得學位，慕尼黑工業大學就是一例。其實都恩雅父親的家族當初是期望這個孩子最後會返鄉行醫，並且有朝一日可以扛起長子領導氏族的責任。結果這個兒子卻在德國陷入愛河，最後甚至結婚，這是原生家庭始料未及也不樂見的結果。薩米爾的父母不僅完全無法接受這媳婦在國籍與文化上的差異，而且她的身家背景也完全不符合薩米爾家族的望族身分。

薩米爾的摯愛尤塔出身自普法茲（Pfalz）的貧窮農村，父母與祖父母都是務農人家。尤塔的父親早逝，後來母親就與尤塔和另一個女兒在這個小農村中相依為命。尤塔與另一個女兒在父親死後就將農地賣了，而這些錢也足夠讓罹患慢性病的母親好好地過日子。都恩雅一開始來找我諮詢時，她的外婆當時正住在阿爾捷（Alzey）一間有名的養老院裡。

都恩雅的母親尤塔想要盡早離開眼界狹隘的鄉下生活，因此就前往慕尼黑完成護士的學位。她是那種對於工作專業相當拿手的人，不過卻對自己充滿懷疑。她有時候會開玩笑地以「阿拉伯王子」稱呼薩米爾，而他在這段期間也讓她感受到安定與自我價值。當她發現自己懷孕時，其實心裡也很開

心，但是她的母親無法認同這段婚姻，她的內心其實是相當排外的，因此她曾經相當認真地問尤塔，難道就非得要嫁給外國人才行嗎？尤塔與母親因此起了衝突，兩人在接下來的好幾年間都維持著緊張又疏遠的關係，就連都恩雅與外婆之間也是如此。

　　薩米爾與尤塔一起在慕尼黑的公寓裡生活了很多年。兩個人當然也是會吵架，吵的話題不外乎就是尤塔該不該繼續工作，不然就是公寓對於一家三口稍嫌擁擠之類的話題。兩人之間的爭吵越來越頻繁，最後也發現無法說服彼此，最後兩人在都恩雅四歲時離婚。當我們仔細推敲一番後發現，當時離婚的主因在於薩米爾想要帶著一家人搬回大馬士革，而都恩雅的母親拒絕離開「西方世界」──這正是她當時的說詞。她當時非常擔心阿拉伯世界（尤指女性）不能工作又不自由的生活，至於是不是會真的變成這樣，其實也很難說，不過確定的是面對夫家在敘利亞的上層社會家庭，她真的要努力適應才行。

　　我因此得以明確描述都恩雅父母之間的情況，因為家世背景與意識層面上都很清楚地顯示，這對彼此相愛的夫妻不論對原生家庭的忠誠度衝突或是對於新家庭的理解上都面臨著相當大的問題，兩人顯然無法克服彼此之間的差異與價值觀。

　　就潛意識層面而言，我們可以從都恩雅的家系圖中看到透過這段婚姻結合的雙方氏族也因此陷入巨大的壓力與憤怒當中。薩米爾想要成為「優秀的長子」，而他的任務就是要回歸並照顧敘利亞的氏族，有朝一日他將要接下氏族領袖的位置。關於尤塔的氏族則是來自賣掉農地的影響，那當然是合理的決定，不過對於務農世家的文化與職業而言卻是一種背叛。尤塔的潛意識中本來就為此存有壓力，接著又因為這段婚姻而開始加劇。

　　最後我們再回到都恩雅本身好了。這種處於不同氏族之間的忠誠衝突造成的動力往往就會在像她這樣的人身上產生特別強烈的作用。她的父親薩米爾終究還是選擇拋棄家庭並隻身回到敘利亞，她的母親至今仍然孤身住在慕尼黑附近的小鎮裡，一樣做著護士的工作，而且現在也已經是一位護士長了。都恩雅自己則是擁有雙方的特質，而她的內心也存在著雙方的文化，兩者都充實著她的人生，同時不斷地「拉扯」著她。雖然她與父親已經很少在聯絡，不過他卻堅持他的女兒得去念大學，而且也負責學費。都恩雅的母親對此相當開心，畢竟她那微薄的薪水根本沒有辦法供應女兒念大學。

　　然而，為什麼都恩雅會開始懼怕失敗與考試，並在潛意識中想要拖延畢業的時間呢？我們在她的家系圖中可以清楚看到雙方氏族與文化對都恩雅所造成的拉扯，而這若有似無

的影響其實涉及相當多層面——其中又在學業上出現特別強烈的矛盾。當她觀察父親那邊有抱負又有教養的氏族之後就知道幾乎所有人都有機會念大學，甚至必須要念大學才行。不過從另一方面來看，受高等教育對於父親氏族的女性而言卻又是一種背叛，因為她們多數人都沒有受過高等教育，她們的生活環境就是廚房或交誼廳。儘管都恩雅在敘利亞的表姊妹中也不乏受過教育並獨立工作的人，不過多數都會在幾年後因為「嫁了好人家」而辭掉工作，最後就像家族其他女性一樣在家相夫教子。再者，我們回過頭來看都恩雅母親那邊的氏族也會發現，高等教育根本不是人生選項之一，因為這邊的親戚根本沒有人念過大學。大學畢業是都恩雅潛意識中的禁忌——這樣才能對家族中的女性和敘利亞家族的文化展現向心力與尊重。

　　我們在這三次的諮詢中也發現了另一個造成都恩雅內心緊張的因素，那就是父親出資的大學學費——這筆學費來自於另一個不同文化與生活方式的氏族，而都恩雅在日常生活中並沒有依循這個氏族的任何傳統。她現在跟著德國母親姓，並且生活在德國；信仰偏基督教而非回教；男朋友是德國人，兩個人未婚就同居在一起，而她之前還交往過好幾個男朋友；她的穿著打扮都相當西式，對於父親的文化與國家都不太熱衷，至少表面上都恩雅覺得自己就是個德國人。

　　這種對都恩雅來說既適當又正確的態度反而讓她在潛意識中因為背離阿拉伯、敘利亞的根而產生莫大的罪惡感。她接受這個家族的金援，但是卻無法對他們展現向心力。我向都恩雅解釋這種矛盾往往會造成強烈的罪惡感並時常會在人生關鍵時刻將抉擇導向自我毀滅的傾向。這方面對於都恩雅來說非常具有說服力——她沒有辦法完全掌握，但是卻表示自己真的有感受到那種「混亂的拉扯」，並且覺得自己根本「不該坐在課堂裡」。這些觀感總是讓她錯亂不已，因此在面對大學生活時根本沒有辦法思考考試的事情。

　　我們在諮詢分析之後便為都恩雅建構了以下的認知語句：

「就算我順利完成大學學業，
我還是屬於阿拉伯及德國家庭的一份子。」

「我可以利用敘利亞家族提供的錢
來建立良好的職涯與完成學業。」

　　都恩雅在諮詢過程中越來越明白自己的家世正是造成內心拉扯的來由，而我在諮詢過程中也告訴她，當她覺得自己有什麼事情非做不可——像是一定要念完大學這樣的事，但卻又因為來自家族的某種特定力量而遲滯不前時，那其實就

是某種程度上的憂鬱症。我在執業生涯中常常看到這種猶豫
不決、心理障礙與鑽牛角尖的情況在長期作用下演變成一種
憂鬱的心境。正因為如此，都恩雅很快地開始針對自己的家
世與內心拉扯進行諮詢，也因此迅速地強化自己與父親家族
之間的聯繫，後來也經常飛去敘利亞探親。我們諮詢結束過
後不久，她也順利地完成學業了——恐慌與害怕考試的問題
都煙消雲散了。

　　針對上述都恩雅與其家系圖的這個案例，我們其實還可
以繼續探究一些問題與障礙。有幾次我們在諮詢過程中談論
到她的情緒波動與憤怒問題，而我個人的看法是，文化差異
所造成的拉扯是這種不安情緒的主因之一。

　　另外，有一點可能也要注意一下——我們常常會在討論
雙國籍與雙文化的家庭與感情關係中輕易地落入一些成見之
中，因此我也不想在這個案例上驟下論斷。我要建議所有任
何符合這個議題的人先好好地審視一下自己的情況，問問自
己，我們的家族體系中存在著怎麼樣的影響力？不同的文化
與氏族又造成了怎麼樣的影響呢？那些像是「非洲女性比較
熱情」或「美國人都充滿冒險犯難的精神」的籠統描述，儘管
這些都是刻板印象，不過在某些情況下確實相當有幫助。行
行好並讓自己在開始尋找家族中的特質時不要落入這樣的陳
腔濫調之中，那只會蒙蔽自己。因此我在面對雙國籍的婚姻、

家庭與影響時都會盡可能以個案視之。

　　我要再次強調，當我們想像兩個不同國籍的婚姻時——至少就會想到兩個不同國家、文化與家規共處一室並同床共枕的情形，喜怒哀樂交織，那我們就不難想像這種雙國籍婚姻之下的系統排列會有多困難了。除了兩個國家之間的差異與仇恨外，還有可能存在著過去在戰爭中的敵對情節，這也會為感情造成負擔，並且容易產生爭執。我們就拿比較近期的例子來看好了——也就是二戰過後美國大兵與德國女人之間的婚姻。儘管美國大兵的父母與祖父母表面上接受這樣的婚姻關係，但是在潛意識的深層中卻相當排斥這位德國媳婦，因為她是敵人的象徵。仇恨與深遠的罪惡感會對這種關係帶來影響，往往也就注定了失敗的結局。而那些與美國大兵在一起的德國女人也會被自己的國人以及在軍營中被貼上「招待小姐」的標籤，有時候甚至會被貶低為「美國人的妓女」，而自家人就會覺得這樣的女人選擇了對美國人投懷送抱的低賤行為。儘管這已經是過去的例子了，但是卻很清楚地呈現出雙方對彼此的偏見與仇恨。緊張、仇恨與舉棋不定往往會在衝突之初讓我們清楚看見其對彼此關係所帶來的銘印。我們只要稍微留意就會發現，其實第二次世界大戰這樣的歷史事件是不到一百年前的事情而已，其也才影響了三個世代罷了。可想而知，這種類似的民族情感至今仍會產生作用（這

部分我們稍後會在戰爭的章節中詳加說明）。

經驗法則

- 兩個不同國家的人相愛並產生愛的結晶，那麼兩種國家與文化就會成為你每天需要應付的重要課題之一。
- 雙國籍家庭中的孩子經常會出現嚴重的忠誠衝突，因為他們不知道自己究竟應該選擇哪邊的文化，也不知道要如何融合雙方文化。
- 不管孩子是在哪種文化情境下長大，只要父母或祖父母的其中一方是禁止女子求學或自由活動的話，這樣的禁忌就會在潛意識的層面上影響孩子與孫子。

＊練習十
家族之中的文化、國籍與思想

我們在本章節的尾聲要進行一個小小的反思練習，題旨就是「所有人都是外國（地）人──幾乎無處不是。」讓自己好好考究一下自己家庭的基礎文化中有哪些地方符合這個概念，像是不同地區所帶來的影響以及家族中不同世代又曾經出現哪些不同的國籍（地區）與文化。思考一下這個議題並

回答以下的問題：

- 你的家族成員分別來自台灣的那些地區？

- 這些地區又有著怎樣不同的觀念、風俗與爭執呢？（類似「冷酷的北部人與沉溺享樂的南部人」這樣的概念）

- 信仰上又有著怎麼樣的差異呢？這個議題在家庭中又造成怎樣的影響呢？還有，家庭中是順著哪邊的信仰呢？父親這邊呢？還是母親這邊？

- 曾祖父母、祖父母與父母是來自哪個地區？或是不是台灣人？那是逃亡來台灣的？誰又是逃離台灣的呢？

- 你對於氏族中的這些地區、國家與文化的印象如何？若是不曾去過這些地方，那就想像一下……

- 不同區域與國家對於你的家庭有著什麼樣的影響呢？是否有重複一直出現的誤解呢？誰又傳承了哪個部分呢？

回答所有問題了嗎？那麼現在就看一下自己有沒有什麼新收穫並逐一寫下來……。

CHAPTER 7 | 第七章

深入骨髓的戰爭記憶？過去世代的
罪惡與創傷對我們人生造成的影響？

　　我們在前一章才回想起一件事——第二次世界大戰結束
至今已經七十多年了，然而這場戰事依舊存在於我們的生活
之中。不僅如此，無論是在納粹政權轉移、集體屠殺的夜晚
或奧斯威辛集中營（Auschwitz）解放的紀念日都會有許多的
文章、展覽與電視專題報導讓我們再次回想起這場殘酷的戰
事，而二戰對許多家庭而言一直是未解的問題。也就是說，
家中最年長的那一輩是在二戰中度過童年；所以說，很多人
是從小聽著父母的戰爭記憶長大的，甚至因此在心裡造成創
傷。那些經歷過戰爭年代的人都變得非常嚴謹又節省，而對
於情感的表達也往往極為壓抑，時至今日也還是普遍的共
識。

　　儘管如此，我們還是經常不清楚戰爭世代的人究竟經
歷了多麼深的傷痛與銘印——而這樣的銘印又在氏族關係中
帶來了多強烈的影響。多數知道這段歷史的人都會想，我父
母經歷過的那段生活真的不容易，飽受飢餓與轟炸。也許就

是因為這樣，他們才會這麼節省又養成囤積物資的習慣；又或者是，「我的叔叔當時可能是納粹——難怪我們家的人都不願意提起過去的事情。」很多人的心中都存有這種模糊的看法。戰爭世代的人往往都不願意提起當年的經歷，而目前那些年紀超過七十歲以上的長輩對於自己戰亂中的童年也都有所保留。要是有人問起了，那麼很多年紀大的長輩就會說自己記不得了；而有些人則會說，這些事情已經說得夠多了。年輕世代的人就會基於尊重而接受這樣的記憶缺口與緘默，要不然就是隱約地感覺誰是當時的受害者，而誰又是當時的加害者。長年研究跨世代影響議題的記者莎賓娜‧博德（Sabine Bode）就很明確地表示，戰爭至今仍然深入我們的骨髓。此外，因為我們從未真正地為那個時代哀悼，也就未曾真正地面對並處理這些問題。她在其著作《德國病——德國人的恐懼》（ Die deutsche Krankheit-German Angst ）提到，「集體哀傷的狀態才會對處理戰爭恐懼以及德國之名下的罪惡與羞恥帶來真正的幫助。只是我們當時沒有時間，戰爭時沒有；等到經濟起飛了，也就更沒有時間了。」而現在也沒有人想要就這個議題參上一腳。

　　深沉的戰爭創傷與後果就在這數十年間選擇沉默並遭受貶低，其中特別顯著的是我們在面對戰爭為心理層面所帶來的後果時，竟然是盲目無知地一代傳一代，而這在今日來說

又與當時的政治思維形成極端的對比。因為只要提到政治，
沒有任何德國人會想到要說，「這種背負戰爭罪惡的言論真
是夠了。」所有德國政治人物的決策總是不斷受到戰爭事件
與德國在當年的角色影響，舉例來說，就像德國在面臨要不
要出兵到戰區的問題時，總是無法擺脫歷史的包袱。納粹時
代的陰影依舊深深地影響著當代政治，而我們也實在很難想
像這在心理層面上會有所不同。

怯懦的德國人

　　我們真的要感謝那些像莎賓娜‧博德一樣充滿好奇心
的人，目前確實也有不少大眾意識到戰爭的恐懼在我們與
我們的孩子，甚至是我們的後代子孫的潛意識上造成的銘
印。莎賓娜‧博德的作品都非常切實，她孜孜不倦地詢問
專家與一般民眾，直到有人敢出聲發言為止。博德展現過人
的耐心才引導出這些詳盡的談話，最後才讓我們看到戰爭
時期的事件至今仍對德國人的思想、感受與行為舉止造成
銘印。有興趣的讀者可以閱讀莎賓娜‧博德的著作《被遺
忘的一代：戰爭兒童訪談錄》（*Die vergessene Generation:
Kriegskinder brechen ihr Schweigen*）以及《戰爭一代的子孫：
遺忘世代的傳承》（*Kriegsenkel: Die Erben der vergessenen
Generation*）。儘管學派人士一直認為莎賓娜‧博德的思想

過於偏激，因為這些事情已經沒有什麼好問，也沒有什麼好說的了，而德國人對於二戰與其後果的討論與處理也都足夠了，現在這些事情對於個體內心深處所造成的影響也真的微乎其微。然而，莎賓娜‧博德的著作大賣卻告訴我們事實並非如此——戰爭深植的恐懼已經在我們所有人的心中紮根並影響了我們的人生，而這樣的創傷則會在家庭中一代傳一代。也許是以不一樣或弱化過後的形式，像是罪惡感與膽怯，那都是當事人無法明確辨識的理由。莎賓娜‧博德進而表示，「遺忘就是一種幫助我們活下去的保護機制。這種創傷卻會在潛意識中繼續存在著，儘管時代過去了也一樣。隨著年紀增長，這種創傷就會開始逼迫我們，我們往往需要花費更大的心力去壓抑這種情感。這種人對於這樣的內心角力往往不自知。」

　　莎賓娜‧博德在其著作《德國病——德國人的恐懼》（*Die Deutsche Krankheit–German Angst*）中舉出一些令人印象深刻的案例，其讓我們看見戰爭經驗的變化，並且對下一代造成影響，而她也藉此確認了這種分散在人生中的恐懼。其中一位女性受訪者表示，1940 年，她在四歲這年經歷了第一次的空襲，而她當時居住的城市是主要的戰場之一，因此她在戰爭結束之前都過著不斷在公寓與防空洞之間逃難的生活。她每天都要面臨死亡的恐懼與威脅，直到戰爭結束了，

一切才終於太平。不過這個女孩卻已習慣那樣的生活方式，她習慣在極度緊迫的情況下在有限的空間內移動，對於新的自由卻感到萬般恐懼。「就像我之前面對這麼多生死交關的恐懼一樣，我那時候對於未來也抱持著這樣的態度」，這位婦人在接受莎賓娜・博德的訪問時這麼說。這位婦人當然也在接下來的歲月中學習克服自己的害怕與恐懼，長大成人之後也開始出社會求職，而她最大的希望就是能有一份穩定的工作。再也不要動盪不安了──這是她的人生準則，於是她選擇了投入公職。不過恐懼的情緒還是會一直在她的心中莫名地浮現，最後醫生診斷出她有憂鬱症的傾向，但是從沒有人將她的感受及恐懼與童年經驗一併檢視。

我完全可以為莎賓娜・博德的這個例子背書，而我甚至可以更進一步地提出說明。不僅是在這些戰火中成長的孩子，就連他們的兒孫輩也經常會出現這種分散性恐懼與恐慌症的情形，結果都與祖先在戰時所經歷的創傷有關。關於沉痛經驗的銘印究竟為什麼會一代傳一代，至今仍未有明確的定論。表觀遺傳學 [12]（Epigenetik）的最新研究倒是可以提出一些見解。研究人員在創傷研究中發現創傷經驗會改變當事人的基因──並非基因本身，而是基因的活動力，而負擔與創傷就會以這種形式繼續影響著後代。簡而言之，人生經驗對於生理所造成的影響可以涉及到基因的層面，而那些強烈

12. 表觀遺傳的改變可以導致特定基因的激活，但是不必改變 DNA 的序列。

又沉重的經驗則會不斷沉澱。

　　當我與案主一起架構並檢視家系圖之後就可以看見並釐清哪些失落、死亡與傷痛的作用是與氏族影響有關。因為這就是氏族的機制——我們會重複祖先曾經做過的事情與生活方式來確保自己在這個氏族中的歸屬感。對於德國人而言，我們的上一代是在短短數年間經歷過兩場世界大戰的世代，這也就意味著「戰爭」在我們的內心仍然產生極化的作用，也只有如此我們才可能對祖先展現我們的向心力，以及對所有相關的事情感到畏懼、格外小心與節省，對於所有陌生的事情都會帶著審視的眼光且心存懷疑。此外，對於那些無憂無慮並享受生活的人抱持懷疑的心態也是一種類似的傳承。這種德國人專屬的顯著性格幾乎已經是一種刻板印象，甚至是1980 年代的美國出版業者就已經以「德國人的恐懼（German Angst）」稱之。「美國人覺得德國人在待人接物時並不以現實為考量，反而有顧慮太多的傾向」，莎賓娜·博德在其著作《德國病——德國人的恐懼》中這麼解釋。

　　這種內建在心中的擔憂、深思熟慮與恐懼傾向的確是真的——這一切都可以回溯到德國人於戰爭時期所扮演的角色與最終的下場。

　　我在診間就經常碰到那些受到氏族對戰爭經驗影響的案主來向我詢求建議，而其中的問題也相當多樣化。總而言之，

不是只有價值或歷史會在家族中一代傳一代，還有某些人因為戰爭而擺脫不了的罪惡感。另外那種失去家園與產物的經驗或流離失所的感受也會繼續「傳承」，並且對後代的生活感受造成銘印。這種影響往往會是後代子孫生活中的一大障礙，因此自然得要居安思危。這種來自戰爭時期的傳承往往就會被粉飾太平並在家族之中成為禁忌話題，結果就在潛意識中造成更強烈的影響。

案例 1：父債子償

這種情境便讓我想起史戴凡（Stephan）這位五十歲的單身歷史學者。他從來沒有想過自己會走其他行業，覺得自己生來就是研究歷史的命。史戴凡以優異成績唸完大學之後就在一間史料館工作，專職納粹時期的恐怖活動資料。第三帝國時期的人如何跟蹤並謀殺其他人的行徑是他在大學時期就備感興趣的議題，而史戴凡當時也已得知自己的祖父在戰爭時期是納粹的支持者。他的家人從來也不會在這個議題上多加著墨，而他的祖父不過就只是個「寡言的木匠」罷了。不過這樣欲蓋彌彰的情境反而讓史戴凡更加確信祖父就是個法西斯主義分子，而他與父親卡爾（Karl）之間的相關對話也往往無法取得任何共識。卡爾總會捍衛在戰爭快結束前過世的父親，而卡爾也是他父親在最後一次離營休假時留下的遺腹

子。他不僅比其他兄弟姊妹小了好幾歲，而成長歲月中也完全沒有父親的陪伴。

　　史戴凡在青少年時期便開始向父親窮追不捨地打聽祖父在戰爭時擔任的角色，但是這個話題總是會被父親打太極帶過。畢竟他根本不認識自己的父親，他完全屬於戰後的世代。祖母是一個溫柔又好相處的人，她口中形容的祖父也一樣是個好人，不過那些閃爍的言詞卻只讓史戴凡變得更加好奇。某天，史戴凡突然在儲藏室的一張床頭櫃中找到一枚勳章，而他在網路中找到了解答——那是納粹武裝親衛隊的標誌。

　　歷史向來是他最喜歡的科目，其中又以納粹時期為最。他針對納粹的暴行寫了許多報告，也造訪鄰近的集中營遺址，而他希望自己可以蒐集到更多有關納粹戰時惡行的資料並認為這是能夠永遠遏抑這種惡行的方法，所以是相當重要的一件事情。史戴凡不懂為什麼其他同學都對這個話題感到無趣，後來他也有機會到以色列做交換學生。他上大學之後就選擇主修歷史並專精研究第二次世界大戰以及猶太人迫害，畢業後就在史料館找到一份薪水不錯的職位。他熱愛自己的工作，也覺得這份工作極為重要，但是當他發現這個話題的迴響竟然隨著時間流逝而減弱後，心中的負擔就變得更加沉重了。那些參訪史料館的學生們都心不在焉地聽講，隔年研究預算也被裁減，而他也發現自己的世界觀竟開始變得

晦澀。當他讀到一篇報導表示現在的年輕人對於政治漠不關心，他便感到憂心忡忡。要是我們對於政治一無所知，那又要怎麼避免被政治操弄呢？

　　史戴凡有時候會不禁想著，他觀看社會的方式會不會是因為這份工作的影響而變得如此負面呢？他會不會因為太關注這個議題而讓自己沒有辦法體驗人生的美好呢？畢竟這份工作對他來說就是美夢成真，而他也沒有辦法想像自己會放棄史料館的這份差事而改去其他博物館工作。這對他來說就是一種背叛，而他也不想讓自己推諉這種責任——就像他父親那樣。

　　當他閱讀過那些關於戰後跨世代影響的創傷與痛苦之後，史戴凡才開始注意到自己的人生中也有許多類似的情況出現。他就在這樣的情況下與一位朋友一起來聽我的演講，接著就預約諮詢時間了。史戴凡在第一個小時中就看清楚了一件事——他內心承受著來自其家庭系統排列中的所有罪惡感，而那正是源自於身為納粹份子的祖父。

家系圖十一

戰爭後果

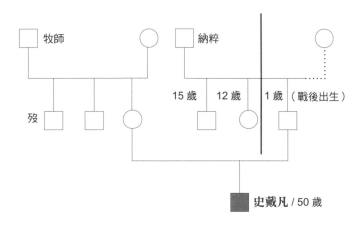

　　追根究柢而言，史戴凡的父親來自一個在戰爭時期傾向希特勒的家庭，而他們也相信自己可以因此過得更好。他的祖父就是所謂的納粹親衛隊成員，祖母雖然是家庭主婦，但是一樣支持丈夫的理念。史戴凡的父親卡爾是在戰爭即將結束前出生的小孩，而其他手足都大他很多歲，他出生時其他兩個手足分別已經是十二與十五歲了。他們一家人在戰爭中都幸免於難，而父親這邊的家人其實就是戰爭中的加害者那一方。

　　至於母親那一邊就全然不同了。史戴凡的母親葛楚德（Gertrud）也是家中最年幼的孩子，上面有兩個哥哥，而擔任高射砲兵的長兄則是在戰爭結束前戰死沙場。外公是一位牧師，外婆也是家庭主婦，他們在戰爭時期總是在保護那些顛沛流離的人——儘管他們自己很清楚，這種行為一旦被揭發，後果可是不堪設想。這家人就是戰爭中的受害者，而且很早就表明了反納粹恐怖的立場。我們因此可以得知——光是在祖父母輩就已經出現彼此對立的立場了，儘管如此，這樣的過去在父母的日常與他的童年生活中都沒有造成顯著的影響。

　　這一切都與史戴凡的父親卡爾有關。卡爾很早就已經下定決心忽視父親的納粹背景，他完全不想要管這件事情。卡爾後來成為一位木匠，政治與立場表態這些事完全與他無關。我們在家系圖中可以發現卡爾會出現這種行為的原因——卡爾是在戰爭結束後出生的么子，因此也與氏族完全脫節，他沒有遭遇過戰爭時期的紛擾，也不認識身為納粹的父親，他就是一個「戰後嬰兒潮的孩子」，並且與其他手足有著完全不一樣的生長環境。因此，他的潛意識中存在著一種罪惡的心情，我們在家系圖研究工作中稱這種良心不安為「倖存者罪惡感（Überlebensschuld）」。史戴凡的父親完全與家庭脫節，因此為了要代償這種罪惡感並拉近自己與手足之間

的距離，理論上他就有兩種選擇——他可以試著平反家族的罪惡並重新檢視過去；或者比起其他手足，他選擇對於這個家庭懷抱著更美好的記憶。卡爾選擇了後者——他成為一位木匠，就像他父親在戰前的工作一樣；他永遠是母親眼中最貼心的孩子，而且也是個性與父親最相似的兒子。卡爾認為自己的父親是一位「沉默的工匠」，儘管他沒有像父親一樣加入納粹，他仍然接受父親的行徑，並且為此展現自己的向心力。

　　他就是這樣「調和」自己在家系圖上的外顯地位，並且讓自己更加融入氏族之中。

　　罪惡感的議題也因此在下一代造成更大的衝擊，而首當其衝的便是史戴凡了。我們必須這樣來看——要是第一代沒有面對其在納粹政權下的罪惡，那麼這種罪惡感與良心不安就會在下一代造成更大的衝擊，也就是這個案例中的史戴凡。不僅如此，因為他沒有其他手足，所以這個家族議題便在他的潛意識方面造成極大的影響。

　　這樣的衝突也因為史戴凡母親娘家的相對立場而開始變本加厲。雙方家長因為住在同一條街上而相識。史戴凡的母親比父親小五歲，她當時非常崇拜年輕卡爾的手工藝，而他則是非常喜歡她那親切又開朗的性格。卡爾娶了戰時展現人性的牧師家女兒為妻，其實對卡爾來說也是一種減輕內心

負擔的方式。然而下一輩中並沒有其他人可以共同分擔該氏族在這個話題上的道德立場，因此一切就落在史戴凡的身上了。這也就是說，史戴凡透過自己對外公的道德行徑所展現的向心力來代償爺爺這邊的罪惡感，這就是他在諮詢過程中提到的「完全好人方案」。

史戴凡在家系圖的諮詢過程中漸漸看清內心深處的良心不安與自己想要彌補這種罪惡的渴望，因此他也密集地著手處理家族在納粹時期的過去與罪惡。

當人們在諮詢過程中第一次正視戰爭時期對於自己在思想、行為與價值觀的影響時，他們往往都覺得不可思議──儘管戰爭已經是這麼多年前的事情了。

舉例來說，史戴凡在諮詢過程中就清楚地向我提到他父親經常說，「戰爭時只能憑自己的判斷行事，沒有人有辦法為一切設想，也沒有人可以一起商量。我與兩個哥哥就是這樣活過來的。」現在史戴凡才發現這句話的箇中道理──他父親所要傳達的道理就是，「這一切跟我無關──你要是對於這些罪惡感有興趣，那也不要把我拖下水。」

此外，他的工作並不像當初想像那樣可以為自己帶來快樂與滿足，甚至在這麼多年後，這個如此沉重的事實也在史戴凡的家系圖背景中突然顯得證據確鑿，因為沒有任何人可以真正扛起祖先的罪過並負起責任。

史戴凡也因此明白自己內心可能受到這個罪過話題的糾
纏，所以才會沒有談情說愛與鬆懈的餘地。他一開始總是不
明白自己怎麼會找不到適合的對象，後來就開始變得悲傷。
如今，他明白了——正因為自己承擔著祖父的罪惡，因此他
的心中也根本容不下其他人。

　　這些想法讓這位五十歲的男人內心百般糾結，而我們也
為他設計了相應的認知語句並在能量的層面上解除來自家系
圖上的重責大任。

　　　　「就算家族中有人承擔著罪惡，
　　　　　我還是可以安心地過日子。」

　　　　「我可以照顧自己並快樂地過日子，
　　　　　儘管如此我還是這家族的一份子。」

　　這樣的諮詢工作其實就是讓史戴凡的人生能夠有另闢道
路的機會，而我也在一年後收到他的來信。史戴凡在信中簡
短地告訴我，他已經轉換職涯跑道了。他在諮詢過後突然覺
得自己也沒有一定要留在史料館的必要了，於是他就繼續在
教學理論的領域中進修，最後又申請到另一間博物館工作，
工作內容就是負責照顧中小學的班級。這是一份十分多元的

工作，其中也涵蓋了二次世界大戰這個主題。他在信中提到自己在諮詢過後開始漸漸地讓自己從氏族的壓力中解脫，但他還是覺得自己應該要積極地參與政治事務，因此他在閒暇之餘也會關心國際特赦組織的活動，並持續與以色列的朋友保持聯繫。重點是在他心中的壓力與制約已經消失不見了。

此外，他已經找到生活的喜樂。他現在終於可以得到過去無法體驗的事情了——享受一切。他現在可以與人共度美好的夜晚，而且不覺得自己一定要討論政治問題。而他也認識了好幾個不錯的對象，而且覺得自己很有機會可以找到一個穩定的伴侶。

經驗法則

- 假如家族系統中存在著罪人，像是祖先中有人參與納粹親衛隊的暴行，那麼氏族就會承受這樣的罪惡，並且嘗試處理這個問題。
- 戰後出生的孩子都會背負著所謂的「倖存者罪惡感」，並覺得自己與那些飽經戰亂的家人們格格不入，而這樣的成員經常就會特別想要展現自己對這個家族的向心力。

- 多數的德國家族中都會出現這種承受著罪惡感或是經歷心理創傷的成員，而這其實也解釋了為什麼現在的德國人都比較膽小怕事（關鍵字「德國人的恐懼」）以及不怎麼快樂的原因了。其他像是瑞典或美國這些在歷史上比較少受到戰爭創傷的國家就比較正面思考，容易讓自己沉浸在人生的光明面中，過著無憂無慮的日子。

＊練習十一
怪癖與缺點──都是因為戰爭引起的嗎？

我們往往都不會察覺自身受到氏族在戰爭時期所留下的銘印，畢竟戰爭已經是這麼久以前的事情了，而我們自然也不會因此習慣或甚至去思考家族中的習俗、規則與怪癖是不是與戰爭有關。

然而，我診所中的許多案主卻都發現自己的一些性格確實來自家族中的怪癖，而且真的就源自當年的戰爭。這些習慣或信念就是家族記憶的傳承。

接著我要列舉一些承接上一代戰爭經歷而成的經典特性，請留心閱讀以下的清單，如果發現其中的某些怪癖讓自己心有戚戚焉，就在前面打個勾。

- 每次超市特價時我就無法克制想要屯糧的衝動，到最後一定會買超過自己需要的數量。

- 我不太會丟東西，就算有地方壞了也一樣，天曉得哪天會不會用得到。

- 「不知道如果我⋯⋯的話，鄰居會怎麼想？」我心裡常常會有這個想法。

- 家醜不可外揚——不管是婚姻不睦或財務出現問題，我絕對不會跟朋友說。

- 我的孩子一定要過得比我好——這點對我來說很重要。

- 擁有自己的房子是我最重要的人生目標，一個屬於我們自己的安定住所。

- 就算我很想從事創意方面的工作，到頭來還是穩定比較重要，因此我才會選擇學習那些將來能夠找到穩定工作的專長。

- 我實在不理解那些想在團體之中標新立異的人，我絕對不可能做這種事情。

- 我絕對不會浪費食物，就算是剩菜也能重新料理成好吃的菜餚。

- 我要是發現冰箱只剩下一公升的牛奶（或可替換成其它生活必需品）時，就會覺得慌張。我不喜歡家中欠缺生活必需品的感覺。

- 我對聲音極度敏銳。儘管不知道是什麼原因，但是我的母親也是這樣的人。
- 要是周遭有人生病了，我就會立刻冒出一個想法——希望他沒事，畢竟生個小病也可能會致命——就算是感冒也一樣。
- 我一定會將碗盤裡的食物吃得一乾二淨。
- 所有權對我來說是不可思議的事情，而且跟我也沾不上邊。假如我有錢，我一定會盡快花光。
- 當我在路上看到警察不顧個人意願公然盤查或脅迫路人時，我絕對不會介入或詢問究竟發生什麼事，天曉得問了以後會遭致甚麼下場。
- 當我不得不逃離家中（譬如失火）時——我腦中會立刻想到自己在緊急情況下應該帶走的必要東西。我偶而也會覺得自己應該要準備一個逃難用的行李箱。
- 我身邊有部分的人都有很要好的死黨，然而對我而言，就算是朋友也要嚴格查核！畢竟知人知面不知心。

以上有哪些特點讓你產生共鳴的嗎？其中又是哪些句子呢？接著就去思考一下，這些特質是不是與第一次或第二次世界大戰有關呢？又或者是與戰後的生活相關呢？進一步提示——所有與營養相關的議題自然與飢餓或失去家園的事實有關係，而逃難用行李箱和一切與所有權相關的思維也與流離

失所相關。至於不信任鄰居則可以回溯到家族曾經受到監控或是家族成員中存在著歷史罪人的關係。

最後，請再檢視一下，自己有沒有什麼缺點是與家族過去的經驗或特定事件有所連結的。若可以的話，請記住這樣的連結並持續觀察一周，看看日常生活中的哪些情境是受到這種特質或經驗的銘印而成。

然而心中有這樣的反思當然也不代表自己就可以脫離過去的影響，不過能夠對這樣的情形產生意識其實就可以改變很多事情了。因為人也只有在有意識的情況下才能審視並改變自己的價值觀或行為舉止。假如你也像祖母當年在戰爭時期一樣什麼東西都不肯丟掉，就算明明知道衣服已經太小了也捨不得丟，那最好給自己一個當頭棒喝並告訴自己——我並不是活在戰爭時期。如果我捨棄這件衣服，也許我還有機會幫助別人，但如果留在櫃子裡的話誰也用不到。

案例 2：事業竟然一落千丈？

接下來的例子就不只是關心那些與戰爭影響有關的恐懼或傾向了，而是氏族的戰時經歷也可能是現今的婚姻破裂與公司倒閉的主因。這聽來確實有些駭人聽聞——畢竟戰爭

距離現今安居樂業的德國生活已經是那麼久以前的事情了，而現在我們也無需過度憂心自己會在一夜之間一無所有。然而，接下來的例子卻可以讓我們知道戰爭世代的流離與痛苦至今仍對我們造成影響——而且常常是以不同的面貌呈現在我們面前。

　　我們現在就來看看海珂（Heike）與伯恩德（Bernd）的例子。這對將近六十歲的夫妻已經結縭超過三十年了。伯恩德是因為釀啤酒事業遭遇困境而前來找我諮詢——該家族事業已經瀕臨破產邊緣。伯恩德正在猶豫自己應該要盡快地脫手呢？還是有辦法靠自己讓事業起死回生？他覺得自己已經走到了人生的交叉路口，而且同時又感到不可自信且憤怒無比——伯恩德從父母手上接過公司之後就一直非常穩健地經營著生意，然而結果卻是如此。儘管啤酒產業蒸蒸日上，他公司的業績卻一蹶不振。許多同業已經朝向流行品牌發展與開發其他酒精性飲料，而他卻對於堅持將自己定位成傳統的啤酒業者抱有強烈的意識，他顯然下錯了棋子。然而，為什麼他會對眼前的潮流視而不見又沒有適時做出反應呢？他前幾年明明就是一位相當成功的企業家。伯恩德從相關企業友人那裡聽到我已經幫助好幾家公司的經營者起死回生，因此也前來向我求助。

家系圖十二

海珂與伯恩德

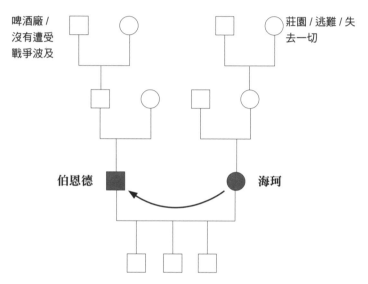

　　伯恩德的家族在村子裡是相當有名的釀啤酒世家，父親與祖父都是釀啤酒師傅，而家中的女性也都是相當能幹的賢內助。她們都像丈夫一樣了解家族事業，除了管帳之外也負責維持家族事業的實幹精神，而其中像是例行的聖誕節禮品及企業慶祝活動都由她們一手包辦。伯恩德的祖父母也堅定地帶領家業撐過了戰爭時期。正因為家業位在小村莊的關係，戰爭對於當地人來說幾乎就像船過水無痕一樣地過去

了。村莊裡的建築物完全倖免於空襲的噩運，而他的父親也因為心臟問題沒有受到軍隊的徵召。伯恩德記憶中的童年就是擔任三位手足中最快樂的老么，而兩位姊姊除了陪他玩之外，幾乎也就像是他的褓姆一樣。此外，身為獨子，他在家族中也一向擁有特殊的地位，而他也很早就認清自己要繼承家業的角色了。

從其他學門轉向釀酒業，他在完全不同的領域取得學位，然後漸漸涉入父母經營的家族事業之中。伯恩德在1980年代末期接管家業，當時他不過二十五歲左右，而且才剛結婚。因此伯恩德的雙親其實也沒有完全放手，就算已將事業交到兒子手裡也經常干涉經營。另外，當他們提到兒子的經營能力時也不免擔心他心中的現代化觀點可能會破壞家業中的傳統。

親子之間的觀點差異都會為企業未來的經營方式造成衝突，這不僅是客觀條件上的爭論，而且也是家系層面的一種深層動力，這部分很快地就在我們的諮詢過程中浮現——釀酒事業在第三代傳人手上改朝換代，而這個時間點上經常出現的內在動力就是——究竟是要走向創新的企業體制或是自成一格的「傳統產業」，並繼續發展成為龐大的家族事業。除此之外，「事業存亡」的衝突也經常顯示世代之間存在的緊張關係。

伯恩德的情況中也存在著一種自相矛盾的要求，而那也是伯恩德的父親親自交代的事情，「讓這個事業繼續經營下去，藉此在將來大展鴻圖——但是有一點要注意：切勿做任何的改變！」

因此伯恩德只有兩種選擇：他可以依照父親與祖父的方式繼續經營——最後可能就要面臨歇業，因為企業無法與時並進；或者拋下所有父親的限制與前人所建立的成就，一切從頭開始。

我們時常在報章雜誌中讀到類似的企業發展，而我們也不懂為什麼這麼成功的企業會在改朝換代之後就突然倒閉。我們大可推斷這些企業都與伯恩德一樣有著類似的家庭系統排列。

不管伯恩德做什麼，他都覺得自己沒有獲得真正的自由，他只能綁手綁腳地經營家族事業，因為家族企業的傳統就是一種阻礙。

此外，「碰巧」的是，伯恩德偏偏在這樣的條件下愛上了一樣飽受牽制的對象並與她結婚，這點可以在海珂的家庭系統排列所呈現的氏族經驗中一目了然。

海珂的家族在戰爭期間並不像伯恩德的家族那樣好運，兩家族在戰爭以前的條件其實相當類似。海珂的家族在西波美拉尼亞（Vorpommern）經營相當不錯的事業，有田地、

有畜牧也有女傭與長工，不過這一切都在戰爭期間遭到剝奪。祖父甚至淪為階下囚，祖母則要自己帶著孩子逃難，丈夫就此下落不明。她被迫離鄉背井，並且重新白手起家，而她也真的這樣一手將所有孩子拉拔長大。她是一個相當精明的家庭主婦，對於數字非常敏銳。後來便有親戚以相當便宜的價錢將房子租給她，如此一來這位母親才能讓孩子們有一個庇蔭處，儘管財務上仍是捉襟見肘。唯一的缺點就是他們過幾年之後就得搬家，因為那位親戚可以用更好的價錢將房屋出租。

海珂的母親因為童年生活相當富裕，因此花了許多年才認清眼前拮据的生活。祖母當時年紀也大了，而對於人生的喜悅也早已在戰爭期間消失殆盡。膝下三名子女，一女兩男，皆是在嚴格又節儉的觀念中拉拔長大。

海珂的母親是長女，因此也是最早離開母親的小孩。她當時學的是辦公室行政，而到了二十歲那年就選擇結婚並建立自己的家庭。她的丈夫是裝備工，平常很少在家，不過薪水還算不錯，也夠讓一家人居住在一間小的並排式房舍中。海珂也是長女，後面還有兩個弟弟。

伯恩德在學校時就認識海珂了，她就是那種認真到不行的女孩，完全不知道自己有多迷人，而他對她則是一見鍾情。兩人畢業之後就開始交往，且不論他是富裕釀酒世家的

公子，而她則是並排屋舍家的女兒，這完全沒有影響兩人的感情。伯恩德是後來才知道海珂的家世，而他也不知道她竟會對他們家族事業的命運造成影響。然而，祖先的經歷也一樣在她的生活中起了作用。那種失去一切的體驗深深地在她的家庭中留下銘印。海珂也因為家世的關係而默默地認為，「所有先人建立起的事物都一定會遭受毀滅。」唯有如此，眼睜睜地失去自己努力得來的事物才能在氏族中找到歸屬。要是海珂成功地經營事業，那就會是對家人在家系層面上的一種背叛。成功對她而言就是一種極大的壓力因素，而身為富裕釀酒世家的媳婦就是一種壓力日漸增長的生活方式。如果事業更成功的話，那她根本就無力承擔。她當然沒有意識到這種關聯，不過潛意識的層面中她卻相當遵守家族傳統的定律。海珂內心的毀滅機制也讓她執意堅守釀酒廠的窠臼，一再強調她的先生不可以接納任何新穎的嘗試或改變，甚至在不知不覺中讓釀酒廠的帳面出現赤字。

　　我告訴伯恩德他的內心也有著與妻子類似的毀滅機制──也就是一無所有的機制──這樣的作用越來越強烈地導向讓釀酒廠事業在他這一代結束的方向。

　　當伯恩德意識到這樣的系統排列之後，一切就豁然開朗了。他理解到自己為什麼會如此舉棋不定並對於自己所繼承的家業無法有任何革新的改變。此外，他也明白每當自己對

任何創新思維有所遲疑時，他的妻子總是選擇不予以支持，最後機會稍縱即逝。我們接著會為伯恩德設計認知語句並銜接之後的能量工作。

伯恩德也覺得自己有必要對妻子闡述諮詢的收穫，因為這些認知讓他全然懾服，並且心有戚戚焉。他甚至想要請她一起參加第二次的諮詢，這樣就可以一起處理來自她原生家庭的糾結。我個人認為這是很好的建議。我通常不會與太多家庭成員一起諮詢，因為多數情況下是沒有必要的。不過這個案例卻不同，海珂的內心機制顯然對這個議題有著相當大的影響作用。

我的診所中有許多案主的內心都有著與海珂類似的損失機制。這樣的後果在這些人的生命中有相當深刻的影響，並且也在各個方面出現——有些時候會建立起一番事業，然後又立刻功虧一簣。有些人不敢賺太多錢，有些人則是創立相當有潛力的公司，但是卻親手讓事業毀於一旦。這些人幾乎沒有意識到這種下場與家庭經歷之間的關聯。我往往都會在案主的身上發現，那些無法承受安定生活的人其實都與原生家庭在戰爭中經歷的折損有關。

我們為伯恩德設計了以下的認知語句：

「就算我採納了新創意，並且完全改變了釀酒廠的

經營方式，我依然是這個家庭系統的一員。」

「我可以將事業傳到第四代，並且現代化經營。」

海珂最重要的認知語句則是：

「就算我的家庭曾經被迫一無所有，
我還是可以過著安定富裕的生活。」

兩夫妻可以及時共同參與諮詢真的很幸運。有別於其他的案主，我到現在都還要每年追蹤他們的狀況一至兩次，且問題與議題可說是五花八門。這種失去一切的銘印相當深刻，自然並不是靠一次諮詢就可以解決的事情，而是要好幾次的密集追蹤才行。其他因素當然也在針對家系圖所規劃的能量工作中有所斬獲——而釀酒廠也因此起死回生，至今還是經營得很好。

經驗法則

* 凡是經歷過戰爭流離失所的人，後代子孫往往會不容易建立穩定的生活。他們通常也會失去那些自己白手起家建立起的資產。

- 家族事業或是不同的霸業都會發展出完全不一樣的力量。企業或其地位到了第三代開始就會形成相當大的影響因子，於是後繼子孫在創新、改變與現代化上就會感到極為困難，因為這會讓他們覺得自己似乎違背了氏族的定律。

> **＊練習十二：**
>
> **追本溯源：這次翻翻箱子裡的老照片**
>
> 去翻翻鐵盒子或是老相簿裡的照片──假如你沒有這樣的寶物，那就試著到父母或祖父母那裡找出這樣的照片。看看自己可以從各個家族成員那裡找到多少照片──表兄弟姊妹的照片？曾祖母的照片？曾祖父當兵時的照片？試著與親戚聊一聊這些照片。問問看，照片裡的這些人在戰爭期間有著什麼樣的經歷？或是（如果年紀夠大的話），你自己對於戰爭時期的回憶又是什麼？往往在這樣的閒談之中又會出現完全不一樣的新知。
>
> 接著，下一步就是在一張空白紙上貼上祖先的照片（有些人會覺得黏上去太可惜，那排在紙上也可），接著標示出年代。這些親戚在戰爭時期的生活有哪些交疊之處呢？有沒有哪些人是經歷過兩次戰爭的呢？戰爭對於他們的生活與命運又帶

來了什麼樣的影響呢？有沒有親戚在戰爭中殞命？戰死沙場？失蹤或被驅逐？

我們從上面的例子就可以知道，戰爭會在家族系統中留下多麼深刻的烙印，甚至會形成一種「再次發生的強制力」。看看手邊的家族照片，家族中有著什麼樣的戰爭體驗呢？逃難？遭到驅逐？失去一切？死亡？迫害？疾病？飢餓？讓自己有意識地為這樣的歷史邁出下一步——從中找出自己過去沒有的一、兩樣認知並銘記在心。

提醒：思考一下，這些關於氏族在戰爭時期的新認知與自己的生活又存在什麼樣的關係。

.

CHAPTER 8 ｜第八章

總有例外：為什麼在孩子身上更容易看到家族特徵？

　　小孩總是依賴著父母，而且並不只是食衣住行上的依賴而已。唯有父母的照料，小孩子才有辦法存活。這點在幼兒身上又更加篤定了，沒有父母的餵養與照顧，小嬰兒根本無法存活。更深沉的關係就是親子之間的情感糾葛了。幼兒甚至會在欠缺肢體接觸與愛撫的情況下夭折，這點已經在殘酷的實驗中得到證明。親子之間的緊密關係是童年的整體印記。就算孩子長大後能夠自己穿衣服、吃飯並自己上學，父母與手足仍是最重要的關係人。

　　小孩也因此擁有相當敏銳的感知能力，他們會察覺父母的情緒以及父母之間的緊張氣氛。儘管他們不太談論這種感覺，卻會在其他的層面表達出這樣的感受。像是在父母離婚的家庭中就可以察覺到這種動力——原本安靜又溫和的孩子突然在學校出現不安的舉動，課業也開始跟不上了。幾次之後才發現，原來父母之間的婚姻關係也在差不多的時間讓孩子開始產生危機意識。也許父母在這個階段根本還沒有談到

分居這一步，但是孩子卻可以清楚感受到同一屋簷下的衝突氣氛，因此才會出現這樣的反應。孩子就是這種情況下的「症狀持有者」。

　　知名美國家庭治療師維琴尼亞・薩提爾（Virginia Satir）一再強調症狀持有者在家庭系統中的重要性。薩提爾是美國家庭系統治療在 1950 年代開始發展的先驅，素有「系統治療之母」的美名。薩提爾也是最早將其他家庭成員納入諮詢工作的心理治療師之一，而在那之前諮詢工作完全是諮詢師與案主之間的單一關係，家人必須被排除在外。薩提爾從工作中發現四種典型的家庭成員角色，其中包含了討好型（Beschwichtiger）──為了討好別人，什麼都願意做；指責型（Ankläger）──大聲批判並推諉責任的人；超理智型（Rationalisierer）──情緒極度理智並以成熟態度應對所有問題；打岔型（Ablenker）──永遠抓不到重點又讓人猜不透的人，往往焦慮、引人注目、躁動又好鬥。簡而言之，他們的行為就是為了要引起他人的注意。第四種類型的人就會是扮演症狀持有者的角色，他們會發覺「這個體系不太對勁」。當小孩扮演這種角色時，他們往往就會呈現出我們在這章讀到的問題──這樣的孩子極度不安、令人難以理解地好鬥，接著學校課業就開始退步，不然就是開始出現睡眠問題。

　　然而家長們往往會誤解這樣的偏差行徑，他們會想要直接對症下藥——孩子睡不好就想辦法讓他們好好睡，不專心就想辦法讓孩子專心。有些家長還會將孩子送去接受情緒管理訓練，有的則是乾脆嚴加管教，不過這種方式基本上是錯誤的。

　　任何真的想要幫助小孩處理行為問題或心理障礙的人，自然就要更深入地觀察好鬥行為、飲食失調或是恐懼背後的成因。往往唯有仔細審視小孩的整體家庭情況才能產生持續性的助益。

　　根據經驗來看，我想在此更進一步地表達——孩子也是氏族經驗與面臨變故時的症狀持有者。很多母親都是因為孩子出了問題於是來找我諮詢，而當我們進一步抽絲剝繭之後發現——孩子其實是父母或是祖父母輩問題的症狀持有者。因此，唯有先解決氏族動力中所產生的問題，我們才有辦法真正地幫助孩子。孩子的行為或問題往往都會在諮詢過後「自發性地」往正面的方向發展。一旦成功了，那麼小孩肩上的重擔就可以卸下了，而孩子自然也就沒有任何需要代價的理由了。我經常在諮詢過後從這些媽媽那裡聽到這樣的話：「這根本就像是魔法一樣，我女兒心中的恐懼竟然就在一夜之間消失了。」或者「他打從去您那接受諮詢後就再也沒有焦躁不安了。」又或者「感覺上他現在比較可以掌握自己的情緒了，

他再也沒有打人了。」

　　我過去曾經在小學任教多年，因此關於家庭系統對孩子產生的影響有著相當敏銳的直覺，而小學老師則是我最早的職業。早在開業以前，我就常常清楚地覺得孩子的學習障礙或行為突出都與家庭有關。那在以前只是一種直覺，但是現在我很清楚自己為什麼會有這樣的直覺判斷。此外，成因往往不一定是在父母的家中，而是可能要追溯至家族的根源歷史。

　　或許我們就更能夠理解孩子，孩子其實經常受到家庭動力的影響——而最令人不解與感到挫折的是，很多關係人會在這種情況下讓孩子的症狀更加混淆，而我接下來就要透過馬茲（Mats）的案例說個清楚。這個故事讓我相當印象深刻，也是好幾年前發生的事情了。十歲的馬茲與四十歲的母親珊德拉（Sandra）一起到我的診所來——這位母親相當失望地表示，馬茲從小學進入中學的第一星期就變得十分暴力，嚴重到校方已經向他提出退學的警告了。

案例 1：我為什麼會像外公那樣暴力？

　　馬茲向來就是個相當有活力的孩子，但他一直以來都有情緒暴躁的問題。他母親在他唸幼稚園時就常常需要與老師或是其他家長談話，因為她兒子經常在衝突情況下動手打

人。然而，隨著日子一天天的過去後，這位母親在他唸小學時經常覺得，儘管馬茲可能是個獨行俠，但是暴躁與怒火似乎「已經慢慢消失，這孩子開始變乖了」。接著他就進入新的學校了。馬茲唸的普通中學就在他們家附近，因為他四年級的結業成績不達班級平均，所以沒辦法上更好的學校。新學校規模不小，有超過一千名學生，眾多教師，還有好幾個社工，以及良好的教育理念。這間學校剛好也有很多不是「模範生」的孩子，不過學校對於暴力的議題很有自信，並且非常積極地處理好鬥與衝突的問題。學校有衝突調停的機制，而且對於大大小小的衝突都列有清楚的校規。開學第一周時，馬茲在家完全沒有說到一丁點關於學校不好的事情，情緒也相當平靜。不過他的母親也認為那是新環境適應期的關係，她覺得自己應該要靜觀其變。

只是這位母親萬萬沒有想到自己會在開學第三周接到氣憤不平的老師打來的電話，對方要她立刻到學校把孩子接走。他已經不只一次出手打同一位同學，而且這次還打對方的臉。珊德拉當然立刻到學校接走馬茲，當時他已經在教務室門口等著了，臉色鐵青。當她問他事情的始末時，他只說，「是那傢伙先動手的，我當然要反抗。他真的是自作自受。」

而與老師之間的談話也沒有辦法讓她理解究竟發生了什麼事情。她與丈夫討論過後，這件事情最後的解決方式是嚴

厲的口頭規勸並罰他三天不准使用電腦。

　　幾天過後，電話又響了。這次氣急敗壞的老師告訴她，她的兒子在接下來幾天禁止上學。他又在學校亂發脾氣，而這次的暴力行徑是校方無法容忍的行為——這次他兒子攻擊的男同學甚至還因為鼻血流個不停而被送去附近的診所就醫。

　　馬茲的母親聽到這件事情後真的又震驚又不知所措，她知道兒子可能會因此面臨退學的下場。接著她又接到一通電話——這次是校長室打來的電話，校方管理單位認為這件事情沒有辦法再以校規處理了，而是要秉公處理並呈報給青年福利局。這是極為罕見的處置方式，一般對於五年級的孩子至少還會給點寬限。然而校長也在電話中表示，馬茲這種殘暴的行為讓學校的師生都感到恐懼。

　　現在這位母親真的失望透了，她想盡辦法為這種暴力行徑找到原因，會不會是青春期提早到了呢？還是這是一種病？她之前聽說過好鬥行為也可能是注意力不足過動症的一種外顯反應，於是她最後才會來向我尋求幫助並找出原因。她希望我可以幫助馬茲更有效地控制自己的衝動並以其他有建設性的方式處理內心的暴怒。

　　我們在對話過程中很快地了解，這一切都與家系層面上的問題有關，那也是珊德拉會來找我諮詢的原因——她的父

親就是個極為暴力的人，過去就經常動手打妻子與小孩。她的父親是一位脾氣暴戾的酒保，所有問題都用拳頭解決，而酗酒也讓他的情緒變得無法捉摸又不可理喻。現在這位母親不得不擔憂自己的孩子也遺傳了父親的性格。

我們將家系圖拆解如下：

家系圖十三

馬茲

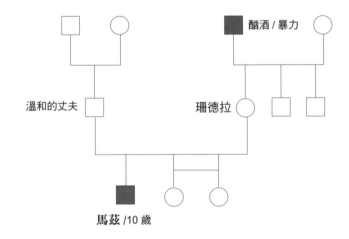

馬茲 /10 歲

馬茲是珊德拉與丈夫賽巴斯汀（Sebastian）的長子，排行在他後面的是一對雙胞胎姊妹，尤莉亞（Julia）與亞娜（Jana），兩姊妹現年六歲，很快就要上小學了。珊德拉自

己也是家中最年長的孩子，兩個弟弟分別小她兩歲與四歲。珊德拉與馬茲一樣都是家中的第一個孩子。

　　珊德拉在談話中表示，身為家中的長女，她自然是最首要接收父親暴力個性的人。她的父親在小鎮中經營一家酒吧，這樣的事業差不多就是中產階級的生活水準，而她的父親在許多方面都是相當暴力又無理的人。他是一位以嚴厲手段掌控一切的老闆，不時也會出現無法捉摸的暴怒情緒。只要有人不順他的意，他就會立刻爆發。他在家中也是這樣的一家之主。每次他在家吃午餐並準備下午開店時，只要食物在他一坐下的同時沒有送上桌，他就會立刻大發雷霆，要不然就是他發現家中哪個角落有灰塵時，他也一樣會暴跳如雷。珊德拉的母親自然也常常成為受氣的對象，但是只要母親當時不在場，那麼倒楣的就是珊德拉了。掌摑或是一頓毒打都是家常便飯，他父親說不這樣她就不會知道該怎麼持家。由此可見，父親的家暴行為通常都是伴隨著人生道理而來的。她的弟弟們也常常挨打──不過兩個弟弟過了十二歲之後就很少回家了，所以她就必須要留在家裡幫忙酒吧的生意。

　　此外，以一個老闆而言，他父親是一個全然的獨行俠，他從來不讓別人親近他。儘管他在酒吧裡可以與常客有說有笑，但是卻沒有任何朋友。隨著酒癮越來越大後，他就更加

與世隔絕了。儘管如此，母親依舊伴隨在他身旁。其實珊德拉自己也不懂，母親為什麼非要這樣百般忍讓。她甚至還常常說，「不論好壞，我們都會在一起。妳父親骨子裡是個好人。」

珊德拉在十七歲那年搬出父母家，她在學校學的是護士專業──主要是因為接受這個專業訓練的話就可以住在女生宿舍的關係，她終於如願所償可以離家了。她在當實習生時就已經認識賽巴斯汀了，他當時是醫科學生並在醫院打工，後來兩人就墜入愛河。賽巴斯汀與她的父親完全是極端的對比──冷靜又和善，從來不曾失手傷人。他做事慢條斯理，比起以暴力行為或任何表情透露自己的看法，他在一開始時往往會選擇不動聲色。賽巴斯汀是教師世家的么子，上面還有兩個哥哥。

我從珊德拉的家系圖中很快地掌握到問題的根源──父親的暴力行為是珊德拉家庭系統中存在著暴力與易怒性格的源頭，這個特質一定會在氏族的邏輯中一代傳一代。家庭系統中存在著暴怒的能量──就算珊德拉向賽巴斯汀強調自己與這樣的行徑根本搭不上邊，不過賽巴斯汀平心靜氣的性格完全與珊德拉父親長久以來培養的急躁的生活方式大相逕庭。

然而來自珊德拉家族的暴力家庭特質一直以來是備受壓

抑的。依照氏族邏輯而言，下一代之中勢必會出現一個承襲暴力傾向的男人。珊德拉的兩個弟弟就首先排除在外了，他們也是相當和善的人，於是馬茲就成為家族特質的繼承者。他的行為確實展現出外公的價值觀並讓整個體系取得平衡。他在某個層面上扛下了母親肩上的暴力重擔並讓這樣的負擔在身上持續累積，而他的行為也展現了氏族層面上懸而未解的衝突，由此可見，他就是症狀持有者。「你的性格要是暴戾易怒，才能算是這個家族的男人。」這句話在他身上起了強烈的作用。

對於這樣的思維以及兒子行為與父親之間的關聯，珊德拉一開始感到震驚不已。畢竟她一直希望自己可以從此甩開家暴的問題，她也是因為這樣才更覺得賽巴斯汀是個完美的對象，也因此才以完全不一樣的方式教育馬茲！他們平常在家都是平心靜氣地討論任何事情，這是珊德拉從賽巴斯汀那裡學來的方式。現在她突然又開始感到憂心不已，要是暴怒性格到頭來真的是一種遺傳，而馬茲終究無法從暴力傾向中逃離的話，那該怎麼辦？馬茲在諮詢過程中並不多話，而他也一度表示自己不知道自己為什麼在家會這麼霸道。這種感覺就好像是，「我會無預警的狂怒不已，心裡覺得其他人只有在我真的受傷時才會了解我。我突然這麼深信著。」

身為母親當然沒有辦法接受這樣的描述，她總是再三強

調自己認為這樣的行為既粗魯又對他人造成困擾，而馬茲自然也就沒有繼續說下去了。我先試著安撫珊德拉的情緒，接著試著讓她明白，其實還是有機會可以讓馬茲擺脫這種家族特質，並且建立更健康的生活態度。

　　我們一起為馬茲整合了兩個認知語句：

「即使我變得平靜又和善，我一樣是氏族中的一員。」

「我可以表現地循規蹈矩並合群，
而我一樣是氏族中的孩子。」

　　而我們也為母親珊德拉建構了認知語句：

「即使我選擇了個性和善的丈夫，
我依然是氏族中的一員。」

　　我們才剛把這些句子寫下來的同時，珊德拉就已經覺得心裡輕鬆多了。「不知怎的，我有一種這句話與我息息相關的感覺。」珊德拉說。馬茲不多話，但是我覺得他的神情也顯得自在多了。他覺得這些事情都無關緊要，這些事情他都不需負起「責任」，也沒有做「錯」或是「不合群」。他只感覺到

他母親很在乎他的幸福並覺得那是她需要負起的責任，而那也是為了他好。

我們接著也在能量層面解決這些糾葛，然後我就先讓他們回家了。

珊德拉在兩周後打電話給我，電話中她顯得非常興奮，因為她覺得自己的世界煥然一新。她為了馬茲的事情再次與校長聯繫，並且拜託校長跟她談一談，而兩人的談話也非常順利。這也是馬茲第一次有所回應，他終於可以解釋之前那些衝突為什麼會讓他這麼生氣了，他甚至還跟校長握手承諾自己下次絕不會動手打人。他自己也認為校長會再給他一次機會。

珊德拉認為馬茲也許不會再落入這樣的情境，因為他的眼神和以前不一樣了。那種緊繃的情緒已經消失不見，而他現在回到家中描述的都是一些稀鬆平常的校園瑣事，完全不像之前那樣總是不耐地抱怨學校的事情。前兩天還有一個同學打電話來家裡要約馬茲出去，而我可以在這母親的聲音中聽到她內心的感動。兩個人顯然都開始往正向發展，也脫離了原有的氏族結構。

經驗法則

- 當孩子出現極端行為（諸如好鬥、恐懼或是躁動）或是任何身心問題（諸如常常抱怨自己肚子痛、頭痛）時，往往就是父母家或是氏族層面衝突下的症狀持有者。

- 此外，當症狀持有者的行為或是病症出現企圖破壞系統家庭的影響時，那麼其中往往就潛藏著穩定系統的渴望，因為症狀持有者會藉由這樣的症狀為整個家族系統取得平衡。

- 當我們找出這些症狀背後的肇因之後，才有可能公開又有效地避開這些潛在的議題，且症狀也能因此而消失。

- 當氏族中存在好鬥、暴力或恐懼等極端行為時，那麼後代子孫中就很有可能出現起而效仿的繼承者。

＊練習十三

回顧過去：身為症狀持有者

如果我們回顧童年時光，也許會想起自己也曾是家庭議題下備受壓抑的症狀持有者。也許是搬家時，大家都很高興搬到新家，但卻完全沒有人提到內心因為捨棄過去生活而產生的

些許悵然，只有你自己對新環境感到不自在，擔心害怕自己交不到朋友；又或者是自己在過去也有一段「不好相處」的時期；或是自己曾經在身心上有出過狀況，像是睡眠問題、尿床或是莫名其妙的頭疼。

那我們大概就可以知道這往往是父母當時關起房門討論問題時的壓抑所造成的兒時病痛。

你的兒時經驗又是怎樣呢？有沒有印象自己在某個時期也可能是「症狀持有者」呢？有沒有什麼事情是在之後才獲得啟發的呢？

＊練習十四
放眼當前：你的孩子也可能是症狀持有者

這部分是給父母的練習，沒有小孩的讀者可以跳過這個部分。

好的，現在請花點時間想想自己的孩子，或是其中某個孩子。他目前的行為舉止如何？表現還算正常嗎？那是這個年紀應該要有的行為舉止嗎？你是放心比較多呢？還是擔心比較多？會不會覺得自己的孩子有時候讓人很難理解？也許可以

捫心自問，「這究竟是哪學來的行為？不是我！也不是我老公！」

如果心中有所疑慮或是有時候真的搞不懂孩子在想什麼時，那就檢視一下：

- 家中孩子現在的表現是不是反應出家中的氣氛？你是否有什麼不想要談或者不想要面對的事情呢？如果你現在想到什麼了，那就請寫下來……

這種受到壓力的議題也可能是財務上的問題，或是伴侶關係中出現的不忠與暴力行徑，也可能是與其他親戚間的問題，像是父母與祖父母之間的紛爭，也有可能是工作上的事情或心中壓抑的渴望又再次浮現，孩子感受到後就常常會以引人注目的行為或問題來表達。

假如你覺得孩子現在的行為讓你摸不透，那就問問自己：

- 這種行為對身為家長的我們有什麼影響呢？對家庭又有什麼影響？

這些症狀往往在一開始只會讓人厭煩，仔細觀察後就會發現孩子是透過這種行為在穩定系統家庭，又或者是透過這樣的行為吸引父母對於某件事情的注意力。

舉例來說，一天到晚在生病的孩子就是為了要讓父母一再地親近他們，而這樣的行為也會讓家庭更加穩固。

畏縮、經常頭痛又孤立的孩子也許是要讓父母看見自己與世隔絕的狀態，或是單純需要關心與安定的感覺——而不是忙得暈頭轉向的父母與那些開不完的會議。假如孩子在校出現暴力行為並讓父母極度擔心孩子「走偏了」，而對其暴力行為又無能為力的話，那麼父母就該好好正視這樣的暴力行為，檢討像是這樣的暴力衝動是不是來自對於伴侶或者自身父母所產生的憤怒，並且一直在他們的生活中壓抑著。

仔細想想，孩子的哪些行為或病症是針對身為父母的你而出現的，哪些想法與感受是針對你而產生的，這些症狀往往可以從這個方向找到答案。

番外篇：有沒有什麼家庭問題是會一代傳一代的呢？

我們在馬茲的案例中可以看到，症狀持有者的角色經常會落在孩子的身上，他們往往會承襲家庭成員的行為，諸如暴力或恐懼。這種對於生活態度與行為準則的理解也經常會成為氏族體系中的局部動力——並不會在每一個氏族中出現。根據我們從日常與臨床的觀察來看，有些問題與怪癖似

乎會自動散布在整個家庭與氏族中，幾乎就像是一脈相承的家庭議題。如果我們看看自己的親戚及左鄰右舍或交友圈中的家庭，我們就會一再地碰到這樣的家庭議題──某些家庭中會有很多膽小怕事的人，而有些家中甚至是人人如此；又或者是某些家庭中會有許多人都是同行的情況。關於特定問題與行為的磁性經常是與生俱來的，而且會在童年時期就根深蒂固。所以可以說孩子們幾乎就是在家庭問題之中出生的。

　　某些家庭中的成癮與酒癮問題就是相當明顯又經過科學驗證的例子。幾乎每個人身邊都有這樣的家庭──家庭成員總是很容易出現（酒精）成癮的問題，要不然就是會出現明顯的成癮行為。家庭成員的成癮問題不只是一種主觀的印象，事實上是顯而易見的情形，這點已經透過許多研究得到證實。目前也已經有相關的後設分析證實，與控制組對照之下，重度酒精成癮者的家人出現酒精上癮的機會是對照組的七倍。受試對象中有四分之一的父親與百分之五的母親本來就有成癮問題。這種家庭中的酒癮問題也讓許多科學家開始研究酒精成癮與基因的關係，他們認為這種無法擺脫的傳承問題也真的只能用基因來解釋了。基因當然是這種過程中的必然角色，然而也有專家認為社會與心理的因素也是造成酒癮一代傳一代的重大關鍵。

　　我們往往在觀察這種代代相傳的議題——或者自己的家庭也有類似的狀況時都會不禁自問，如果兒子從小看著有重度酒癮的父親長大，他怎麼還會讓自己也染上酒癮呢？儘管有自知之明又逼不得已必須經常親身體驗酗酒所會招致的問題，為什麼壞習慣還是會一代傳一代？這種行為甚至還會為眾人帶來健康、社會與情緒上極度的危害。

　　這種從祖父傳給父親又再由父親傳給兒子的現象在文獻研究上被稱作是「功能失調」的行為，而其成因也相當多元。如果想要對此有更進一步的了解，那勢必就要針對其童年進行探究並以這樣的態度面對家庭系統中的兒童。孩子對於家庭的觀察在一開始總是長時間處於懵懂無知的狀態，因此父母的成癮狀況在孩子的眼中往往在一開始也都不會是什麼問題。我的意思並不是說父母的酗酒問題不會對孩子造成任何負擔——因為酗酒是他們每天需要面對的景象，那是「這個家庭中的正常作息」，甚至可能會以為「每個家庭都是這樣」。假如喝酒與喝斥是一個孩子在成長過程中的家常便飯，那麼他就很可能以為那是一個家庭中應有的行為。儘管孩子在出生時便擁有許多自我的成分，而在成長過程中也會常常從童年的社會結構與學習模式中努力發展出自我，但我們不可否認的是，父母在孩子成長過程中的某個階段確實有著如神一般的全知地位。孩子出生後的那幾年間，周遭世界的是與非

都是由父母定義的——父母的所做所為便是定義一切的基礎。

　　天下父母百百種，人生中的可能性與抉擇也是如此。孩子在這個階段往往不自知，而是在往後的童年與青年時期才會開始變得越來越顯著。

　　孩子在一開始並沒有固定的價值認知來告訴他們父母的作為究竟是對或錯，而他們對於事物與行為的意義都是隨著時間一點一滴習得的。孩子在生命頭五到十年於父母家中所學習到面對眼前世界的方式對於成癮行為的傳承相當關鍵。假如祖父與父親都酗酒，那麼孩子就會透過該關係人的情緒波動與爆發，或是渴求及躁動不安的情緒來學習與其共處。他們學習安撫並支撐他人，以避免他們走上這樣的路，讓自己轉換角度或是在紛爭之中選擇充耳不聞。從旁觀者的角度來看，凡是在有成癮問題家庭中成長的孩子都處在極度危機的情況，而相關的行為模式就由人自己定義了。與他人之間安定、規律或體貼、穩固的相處是他們不曾習得與感受到的交流方式，而且直到他們學會面對之前還可能長年將之誤解成一種錯誤的方式。

　　因此，童年的銘印與習得過程對於我們的世界觀與行為模式都有著深遠的影響。如果家族之中酗酒問題頻繁，那麼很可能就會覺得「人類與酒之間有著特定的關係」。如此一來，

酗酒問題就很有可能一代傳一代。如果我在這樣的學習心理或社會因素之外再加進氏族層面以及多世代家系研究的話，就又多了另一個層面的影響，足以讓這樣的成癮行為更有發展的根基——舉例來說，要是家族中已經有超過三代的父親都有酗酒問題的話，那就不僅是滲透於家族行為層面上的行為模式了，而是在整個氏族層面上也扮演著重要的角色。換句話說，在這種家族系統中經常另外存在對整個氏族的潛在訊息，「我們氏族中的男性都必須要酗酒才行，否則就不算是這個氏族的男人。」酗酒問題存在於家族之中的時間越久，那麼這個訊息就會越強烈，於是成癮問題家庭中的孩子與青少年就會自動面臨成癮的問題。他們不時都要面對行為舉止上的抉擇——究竟是要向父親那一脈相傳的酗酒習慣展現向心力呢？還是背棄這樣的傳承並自我克制。儘管酗酒的父親在有意識的層面上對於兒子能夠自制並有節制地飲酒感到欣慰，但是在氏族的潛意識層面上卻會釋放出一種壓力——因為他兒子的行徑完全與家庭系統脫節，等同是捨棄了世代相傳的衣缽。

　　我在工作上諮詢過好幾個年紀三十到四十歲的男人，他們對於自己承襲與父親、叔伯或祖父相同的成癮習慣感到既羞恥又痛苦，而當時面對這五、六位案主時的對話其實也都大同小異。我常常會藉由家系圖與案主一起分析酒精問題對

於氏族所帶來的影響。即使旁觀者的眼中已經一目了然，不
過對於許多案主的認知而言，正視自身家庭背景中所累積的
成癮議題也確實會是一種意想不到的收穫。他們一開始都會
感到震驚不已，覺得不得不認命又為此感到恐懼，覺得自己
根本沒有辦法逃離「家族詛咒」的魔掌。然而，隨著諮詢持續
的進行，多數當事人就會很快地理解自己其實可以透過新的
眼界而獲得新希望——進而更加理解並掌握問題的本質。我
經常會向案主解釋，那種深根的牽絆與向心力是可以漸漸解
除的，而我會與這樣的案主建構類似以下的認知語句：

> 「就算我身體健康，並且飲酒有節制，
> 我還是這個氏族的一員。」

> 「就算我生活幸福、工作穩定並與妻兒和睦共處，
> 我還是這個氏族的一員。」

> 「就算我在生活中滴酒不沾，我還是這個氏族的一員。」

我們接著就可以藉由這些（或類似的）句子進行針對氏族
牽絆的能量工作，而諮詢與家系圖工作就會在進行到三分之
二時轉向戒癮治療，並朝向安定且沒有成癮問題的人生邁進。

　　關於那些為家族帶來深遠影響，並且一代更勝一代的成癮問題，酗酒當然只是其中之一。一旦遇到這樣的議題——或是幾乎所有家人都受到該問題的影響時，我們就不難想像孩子在一出生之後沒多久自然也會牽涉其中。也就是說——凡是該氏族的成員就會承襲家族特質中的某些部分，而他們可能就必須要在面臨類似問題時有所作為。然而，我們也經常會出現與家族行為方式相違背的舉動，也就是說某個成癮家庭中可能會出現一個相當節制的成員；某個完全沒有運動背景的家族也會出現一兩個優秀的極限運動員；或是某個對身體與慾望相當保守的家庭中卻出現性生活相當活躍的成員。無論如何，該議題或是其周邊相關的事情都會牽涉到所有的家族成員。我個人認為親自探究這些議題會是一件相當值得去做的事情。

> **✱練習十五**
> **我們的家族問題**
>
> 如果我們花時間檢視一下家族過去三代的歷史，我們很可能會看見一些反覆不斷出現的問題。我們有時候並不容易發現這些問題的存在，因為那對我們來說就像是盲點一樣——我們已經習慣了它們，因此會覺得「這些問題人人都有」。

假如你發現了類似的家庭問題並又立刻認為該問題「相當普遍」的話，那麼就要留心，並且將這種觀點視為一種「徵兆」──其很可能是你家族中特有的問題。我在下一頁中列舉出典型的家族特質，有些相當特殊，有些別具一格，有些很怪異，而其他則是普遍被認定為是「問題」的特質。請仔細閱讀這張清單，要是心中突然冒出三個以上的家族成員（手足、叔舅姑姨、堂／表兄弟姊妹都算）與之相符的話，那就做個記號。

- 相當沒有運動天分，可能會是學校體育課上的笑柄。
- 進食障礙，諸如厭食症、神經性暴食症與貪食症。
- 藝術天分與表演慾。
- 追求真理、移居海外、喜歡冒險並有拓荒精神。
- 極度敏銳，幾乎到了過度敏感的程度。
- 笨手笨腳，所有東西被他碰過都遭殃。
- 酒精或毒品成癮。
- 對於生活的原則與規律有著明確又頑固的堅持，幾乎絲毫不肯退讓。
- 為人幽默愛笑，喜歡搞笑。
- 懂得與人交際並關心其他的人事物。
- 害羞怕事，極度保守。

- 誇大其詞又自以為是。
- 飲食生活不健康。
- 暴力、出手殘暴，三不五時會犯罪／盜竊。
- 總是在換工作。
- 喜歡惹事生非。
- 深思熟慮且沉穩。
- 對事物有佔有慾，追求物質生活。
- 盡可能維持獨立的生活。
- 總是不斷地分手與離婚。
- 再三對婚姻不忠並導致婚姻破裂。
- 沉溺於電玩與網路──或是漸漸有這種傾向。
- 喜歡社交應酬並招待他人。
- 覺得自己像個局外人。
- 總是鬱鬱寡歡。
- 賠錢、破產或身敗名裂。
- 贏錢、投資獲利並累積名聲。
- 是眾人關注的焦點並樂在其中。
- 喜歡美食與烹飪。
- 對於性與身體相當開放。
- 鬼鬼祟祟，很可能會是叛徒。
- 生性誇大又愛現。

- 焦慮不安，總是覺得自己一文不值。
- 表現出高人一等的感覺。
- 小心翼翼又謹慎，深怕做錯事。
- 與時脫節，好像與世隔絕一樣。
- 生性備受壓抑，認為「性是關起門來的事情」，或避免與人發生性行為。

類似的例子還有很多，你是不是已經找到一些家族特質了呢？如果你從中發現許多特質的話，那麼請圈出其中最重要或影響最深的兩項特質。接著就要讓自己清楚的認知到這兩項特質是內化的家庭行為。換句話說，你可能也有其中某項怪癖，而這個特質就會在這個議題上產生作用。別忘了，完全相反的特質其實也常常出現，也就是完全與家人的行徑背道而馳，而這也代表著該問題依舊懸而未解。

假如你清楚自己在生活中與特定家族議題「糾纏不清」，那麼就可以明確地處理這個議題——進而試著找到與之對應的自在處理方式。如果是問題不大的怪癖，那麼你就可以在日常生活中一再地實驗與嘗試新的對應方法。如果面對的問題非同小可，像是進食障礙或憂鬱症時，那麼在這個階段尋求專業的幫助也無妨。

案例 2：收養可以改變一生？

　　就我個人而言，收養是一個相當特別又重要的孩童議題。我在執業過程中也碰過不少被收養的男男女女，而他們的問題也往往非同小可。這些問題不僅會出現在那些於幼稚園或小學時期被收養的孩子（對於生父母還有印象），即使是在幼兒時期或是剛出生時就被收養的孩子也會面臨一些心理障礙，像是持續有分裂、失根與找不到歸屬的感受。許多科學研究也指出，關於跨洲收養——諸如來自亞洲、非洲或南美洲的孩子因為收養而在歐美的家庭中長大——這些孩子就一定會遭遇內心備感壓力的情況。瑞典某研究報告就指出，因為收養而從國外被帶回瑞典的孩子就經常面對內心的煎熬，比起在瑞典出生（然後被收養）的孩子，這些從國外被收養帶回瑞典的孩子的自殺率是前者的四倍，出現精神問題的風險也是前者的三倍，而染上毒癮的風險則是前者的五倍。

　　其實我對於這樣的數據並不會感到驚訝，因為從氏族動力的觀點來看，即使是在收養家庭中幸福快樂長大的孩子，其內心也會出現對原生氏族的忠誠衝突。而海外收養的忠誠衝突自然就會更大，因為多數原生家庭的情況與收養家庭完全不一樣，而文化背景也迥然不同。為了方便闡述這個議題的緊張關係，我想要直接進入卡塔莉娜（Katharina）的案例。

　　卡塔莉娜來找我諮詢時的年紀大概是二十五歲上下，她的養父是某家汽車公司的總經理，她的「新」媽媽不久前又重新進入一個中型的管弦樂團擔任小提琴手，而她過去在卡塔莉娜與妹妹席夢（小兩歲）的童年時期則是選擇暫時放下工作在家照顧小孩。卡塔莉娜目前在北萊茵─西發利亞地區的一家劇院擔任舞台設計。她是那種外型粗壯且個性粗獷的人；肩膀寬寬的，一頭黑長髮，總是穿著藍色或灰色的工作褲，聲音爽朗講話又有點粗俗。卡塔莉娜說她很喜歡舞台設計這份工作，只是她在受訓之後的工作內容往往都是在手工搭建舞台，而發揮創意去設計舞台的機會反而越來越少。手工搭景完全是因緣際會，而她目前也不覺得有什麼不好。問題是，卡塔莉娜內心卻總是覺得無法接受。她總是覺得內心忿忿不平，不論對自己或是別人都一樣低氣壓，因此只好每天用藥物麻醉自己。她藉由吸大麻、快速丸或喝酒來讓自己感到興奮或平復內心的怒火。她形容那是對物質的依賴──打從中學時代就開始了。就像她會與那些對女人不太好、甚至會出手打女人的男人相處一樣，她對於這種事情沒有任何意見，有時候甚至會覺得這樣也沒什麼不對。她青少年時期就曾經用刮鬍刀片自殘，這件事情她在第一次諮詢時並沒有提到，而是在第二次或第三次接觸時才娓娓道來。卡塔莉娜形容自己有種懲罰自己的「狂熱」並覺得自己不配擁有這一切，而她

內心對這個世界，或許也有可能是對和善的養父母所產生的憤恨更讓她無法自拔。她的妹妹席夢就是個完全不一樣的人，卡塔莉娜繼續說著──她大學時主修法律，現在是一位檢察官。席夢有一位交往穩定的藥劑師男友，兩人很快就要步入禮堂了。席夢在外貌上也跟她天差地遠──身材瘦長又有女人味，還戴著一副高雅的眼鏡。

我在諮詢過程中很快就從卡塔莉娜的自述中發現她與其他家人完全不同，然而卡塔莉娜自然也會不斷地回到收養的議題上，她形容自己每天都會提醒自己是收養來的孩子。她甚至也推測自己內心有種被遺棄的感受，因為她的生母當年顯然就是不想要她才會拋棄她。我也認為這點的影響很重要，而我告訴她，我覺得忠誠衝突與氏族動力已經對她產生了強大的作用，因此最好要仔細地觀察一下她的家系圖。我們根據這樣的需求建構出她的家系圖──其中包含了原生與收養兩個家庭。

說明：右邊是新家庭，有父母親、妹妹與卡塔莉娜，還有曾經是指揮家的外公，而外婆則是出身上流社會的家庭主婦。我們在這裡略過不談父親那邊的家庭，不過他也出自法律世家就是了。這對「新」爸媽一開始沒有辦法生育，直到收養了卡塔莉娜之後才懷孕生了妹妹席夢。

家系圖十四

收養

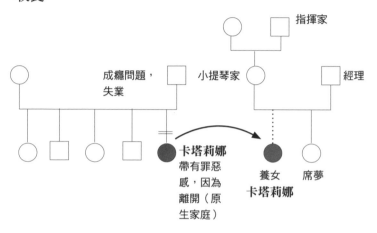

　　接著我們架構卡塔莉娜的原生家庭。卡塔莉娜對於這個家庭的所知不多，她只聽說她的生母還有另外四個孩子，所以才會把最小的那個送養。此外，她也知道社會救濟金是這個原生家庭的唯一收入，且他們居住在法蘭克福郊區的高樓地區，至於現在是不是還住在那就不得而知了。至於她的生父——這些都是從養母那裡聽來的描述，她的生父以前在工地打工，因為酗酒的關係而失業。儘管原生家庭的資訊總是殘缺不全，不過我們還是試著建構家系圖，而卡塔莉娜對於原生家庭的祖父母則是完全無所知。她甚至曾經聽說過自己

本來的名字根本不是卡塔莉娜，她的生母為她取的名字是依莉絲（Iris）。

我透過這樣的家系圖向卡塔莉娜解釋她會「虐待」自己的原因，而我們在該家系圖上至少可以看見導致這種行為的兩大影響因子。

首先就是卡塔莉娜的原生家庭。這個家庭的狀況很差，沒有錢，工作沒有前景可言，而生父似乎與成癮問題糾纏不清。儘管卡塔莉娜很早就從這樣的困境中解脫，而生活上也完全與之無關，但是內心深處依舊覺得自己是親生父母的孩子並與這個家庭和歷史產生深刻的連結，甚至希望自己可以在此找到歸屬感。因此，卡塔莉娜才會出現這種對原生家庭展現向心力的行徑——她吸毒，儘管她與養母一樣在表演領域任職，但是卻在這個領域中找了份出力不動腦的工作。她虐待自己，讓自己的生活痛苦不堪，然後又一直找有暴力傾向的人交往——或許她的生父就是這樣的人（這點我當然也只能推測）。卡塔莉娜在聽完這樣的描述與解釋後就哭了，而她也肯定我的想法，「雖然聽起來很變態——我經常會覺得唯有自己痛苦才是正確的。」我也告訴她，從她的家系圖來看，其實這是很自然而然的判斷。

不過忠誠衝突的影響卻更加深遠——卡塔莉娜的內心對於原生父母與手足一直存在著一種罪惡感，因為她是唯一

離開那個系統並在新家庭找到新天地的孩子。這樣的機會與新環境讓她覺得自己似乎背叛了原生家庭，而這也是為什麼她覺得憤恨不平的原因。她在潛意識中覺得自己是叛徒，而在氏族的邏輯中也確是如此，不過這也僅只是潛意識層面上的想法。這種對氏族的罪惡感經常會招喚出自我懲罰或毀滅的傾向，因此卡塔莉娜就沒有辦法好好運用新家庭給她的機會。於是她捨棄了大學學位並選擇了勞力付出的工作——呼應原生家庭的職業背景（她對此一點問題也沒有，因為她很喜歡這份工作），而她也同時拒絕養父母與祖父母為她在上流社會的牽線與安排。她總是在同行之中尋找交往對象或是在常去的酒吧裡尋找一夜情，如此一來才能平衡內心認為自己僥倖混入上流社會家庭的永久感受。

　　卡塔莉娜在這個部分也想到自己的養母在過去一年經常對卡塔莉娜感到不滿，因為她覺得卡塔莉娜不懂得感恩，行為舉止又故意表現的「不像是這個家庭教養出來的孩子」。卡塔莉娜記得自己當初在聽到這個評論後啞口無言又氣憤的感覺。她總是覺得自己「是別家的孩子」，並且老是有孤獨的感受。我向她解釋多數受人收養的子女都會有這種感覺——覺得自己只會讓養父母失望而已。我個人甚至覺得這樣的衝突其實已經算小了，畢竟養母還有一個親生女兒，她就完全符合自己的期望——而且擁有相同的價值觀。因此，卡塔莉娜

在這個收養家庭中就有種被邊緣化的感覺，也沒有辦法完全達到母親的期望。我與卡塔莉娜分享這些觀感，而這些想法與對話都她來說都很有幫助。

我接著也讓卡塔莉娜明白她內心對收養家庭與該世界的憤怒究竟從何而來，因為我在家系圖中找到了一個理由——那種無法消滅的恨意是出自原生氏族對於收養氏族的憤怒。這種憤怒緊抓著卡塔莉娜，誇張一點來說就是怒火貫穿了她的全身上下——因此她才會一直清楚地感受到這種難以遏抑的憤怒，最後只好試著在酒精與毒品中找到平衡。

我們在第一次的諮詢時間中就已經大概提到這些因素了，因此我們也為卡塔莉娜設計了不同的認知語句以便在之後的工作中繼續運用，其中最重要的是：

> 「即使我運用了收養家庭提供的優勢與機會，
> 我依舊是原生家庭的一員。」

> 「即使我善待自己，好好受教育並找到好工作，
> 我依舊是原生家庭的一員。」

> 「即使我對收養家庭表示感激並對自己的命運感到慶幸，
> 我也是原生家庭的一份子。」

　　我們藉由這些句子開始進行相當密集的能量工作，我們後來也進行了多次的諮詢，各個程序執行得相當地透徹。有趣的是她心中長久以來的恨意一直到這些諮詢都結束之後才開始逐漸消散。「我的心裡還是有那種感覺，但是明顯的已經漸漸消失了。」卡塔莉娜形容那是一種介於兩者之間的感覺。隨著心中的怒火開始減弱並可以自我掌握之後，卡塔莉娜也有辦法停止濫用毒品的問題了，而她對於收養家庭的態度也開始漸漸改變。卡塔莉娜覺得自己在面對養母時情緒已經不再那麼緊繃了，現在她不時會抱著感恩的心情並明白這個女人為她付出了多少。儘管如此，卡塔莉娜還是不覺得那是種母女關係。她在這段時間也曾考慮過自己要不要改回生母為她取的名字——伊莉絲，但她最後還是沒有改名字，畢竟卡塔莉娜這個名字已經跟著她二十六年了。

　　她現在還是從事搭建舞台的工作，而且已經是搭建組的主管了。因為個性爽朗的關係，她的力量與友善的態度都讓她在工作上如魚得水。她現在也有一位與她同年的男朋友——克里斯汀是一位燈光師，擁有自己的公司。他們經常一起旅行，也常常在工作上合作，交友圈都是相當樸實的人。儘管克里斯汀在她的收養家庭不是相當受到歡迎，但是偶爾出席家庭慶生或聚會也不成問題，因為他為人踏實又非常幽默。

　　收養家庭也接受了這個「額外的」女兒與親生孩子確實是不一樣的，從現在的角度來看，「小卡塔莉娜的替代家庭」計畫確實也發展的不錯——不過他們已經沒有繼續建立深刻的親子關係了。

　　針對這個議題，我最後再補充幾點。儘管德國的統計數據指出每年大約有四千名孩子在德國被收養——二十年前的數據是現在的兩倍，而我認為收養會帶來的壓力既然如此之大，就應該要好好地正視這個議題，多多思考收養背景後的家庭動力並弄清楚氏族牽絆所帶來的影響。很多養子女都像卡塔莉娜這樣——他們會先步上生父母的後塵，然後開始覺得愧疚並一再地落入相當不穩定的情緒之中。

　　我也見過另一種從小被收養的例子，他們的行為則與上面的例子完全相反——這些人擁有完成人生大志的特別動力與上進心，因而成為醫生、工程師或藝術家並有辦法扛起重責大任。很多旁觀者無法理解那樣的焦躁不安與動力，其實這種志氣往往是迴避罪惡感與內心拉扯的一種策略。他們的座右銘就是——「我在收養家庭中已經得到這麼多了，我現在就必須努力地付出才不會愧對這一切。」從我的角度來看，這樣的行徑對於旁觀者來說相當得體，而對於當事人來說也是相當強大又正向的解決方法。其實長久下來很多人就會覺得這樣的行徑為內心帶來了極大的壓力，而那些善舉與偉大

的成就背後竟充滿著不安、寂寞與孤立的感受。

　　我在此也可以加碼提供額外的相關見解──很多人都知道許多好萊塢明星會從世界各地不同於美國文化的地方收養孩子，而且那些孩子原生背景的經濟條件與好萊塢明星經常有著天差地遠的距離。

　　對於類似收養的動機，我個人從幾個案例中發現那也是這些明星的代償行為──他們家財萬貫又知名，因此他們可以改善「貧窮孩子」的生活並想要沖淡心中的良心不安（這樣的動力也可以在樂透中獎人身上發現）。這些經常收養孩子的好萊塢明星究竟有沒有為這些孩子帶來更好的人生呢？我希望有。我真心地認為，如果收養決定中的各個當事人都可以好好地探究並熟悉與家庭忠誠及家庭連結相關的議題，那麼一切就會更加順利。此外，收養家庭的父母也更應該要理解，對於養子女而言，他們即將踏上前往另外一個氏族與新世界的路途，而那將會是相當遙遠的一趟旅程。

CHAPTER 9 | 第九章

未來的展望是什麼？
接下來該如何是好？

　　我們在前面的章節已經深入探討了家系圖以及不同的氏族動力，而我也嘗試透過不同的案例來說明家人與跨世代的深遠影響──不論是我們的人生與觀感，甚至是我們抱持的人生態度。關於氏族銘印對於某些人生議題與決定所產生的影響，我真的很希望自己可以當面向各位讀者闡釋清楚，當然還有你的父母、祖父母與曾祖父母的人生經歷對你所產生的影響。當我們將自己的人生經歷與氏族歷史之間締造連結之後，那種豁然開朗甚至是興高采烈的感覺是我在職涯中時常見證的景象。當我們將重心放在家系圖上並開始回顧時，這種回溯歷史的觀點本身就是一種對於祖先及家人的評價，而他們不僅是我們的根，也對我們產生銘印。

　　正因為我長期從事家系圖與氏族能量工作的關係，因此在認知與感受上擁有的優勢都可以一再地解除許多節點與家系排列上所出現的問題。而我也很清楚，有些案主第一次在我這裡諮詢時都會對於氏族與自己人生之間的深刻連結感到

驚訝，甚至是困惑不已。因此我也了解家系圖輔助的諮詢工作就像是我們碰巧有一天想起閣樓上那些塵封已久的舊盒子以及其中的老照片與信件一樣，然後才頓悟那些人物的故事對我們一生的影響有多大。很多人一想到自己被自身家庭的命運以及另一個氏族的根基綁得死死的時候，都會感到不自在，但這點多多少少也會因人而異——重視家庭的人通常會對於這樣的連結感到認同，而那些重視自我的人就往往會阻隔這樣的關係。

我有很多案主都會漸漸地習慣祖先與自己的人生是在「同一艘船」上的想法。我前不久才聽到一位陌生作曲家德斯・烏爾曼（Thees Uhlmann）的一首歌，而其中的一段歌詞就形容地非常到位，「看到後座的逝者無須大驚小怪。」為什麼這句歌詞會讓我深有同感呢？這句歌詞其實是從德國俚語「地窖的屍體」（Leichen im Keller）衍伸而來的文字，聽起來是有些毛骨悚然 13。我對這句歌詞則有比較輕鬆一點的詮釋，後座的逝者會伴著我們繼續前行，不管目的地在哪裡。這也代表我們終究會習慣這件事情的——甚至有祖先的相伴可能反而會是件好事。

當然我也要在此補充一點——對於前面所介紹的那些人物與案例，我們強調的都是其中的問題與負面發展，感覺家庭似乎總是帶來負面且不良的影響。事實當然並非如此——

13. 譯註：早期天主教家庭中早夭的孩子是不可以埋在墓園裡的，而為了避免已逝孩子的靈魂遭到魔鬼的侵擾，最安全的地方就是父母的家，因此早夭孩子的屍體會被埋在地窖裡——後來也引申為過去事件所帶來的負擔或良心不安。

我們的氏族與家人一直為我們帶來許多正面的激勵、恩惠、力量以及愛與關懷，而我必須要一直指出那些來自家庭的影響——無論是好是壞，對於特定的生活方式或議題來說，那都是一種非自願的連結與規則。當我們想要獨自為人生做出適當決定時，那我們要好好檢視的就不只是家庭所帶來的包袱，還有那些正面的「恩惠」。

　　我最後要簡短提出某個家庭的案例，其中有許多女性很早就獨立出社會，並且都走入科學領域。請試著勾勒出一張家系圖（這應該不難了吧），這個家族的曾祖母本身就已經是女權運動人士了，祖母則是當年第一位名聲卓越的女生物學家，而女兒現在則是神經科學研究人員。現在想想，這個女兒又生了女兒，根據這樣的氏族傳統與指標，這個小女孩的潛意識中可能很早就會出現忠誠衝突——母系氏族的影響強烈地主導她的選擇，她可能也感覺到那種壓迫並覺得自己也要往科學或相關領域發展，而她遲早也要變得非常獨立或闖出一番名聲才行。從另一方面來看，這個小女孩當然也在成長過程中慢慢發展出自己的喜好以及對於未來、職業與人生方式的規劃。這個小孫女很可能會對文學有興趣，並且想要成為一名書商；或是覺得家庭是「最重要的」，並且想要生很多小孩，然後在家顧孩子，工作並不是她的首要考量。這些個人計畫都會在面對強勢的「女強人」家系時而難以落

實，因為她們心中一定會覺得小女孩背叛了她們。面對這種
情況，小女孩就得要認識這些成功的女科學家，也要懂得欣
賞這些氏族中的女強人——即使她會獨自走上自己選擇的道
路。也就是說，對於這種強大的女性系統，我們還是可以透
過家系圖與能量工作的方式來解決問題。當然不會有人在諮
詢時說，「我想要擺脫家族那些女強人的掌控。」就我而言，
不管我們過去的經歷是好是壞，這個案例的主旨是要告訴我們
氏族在這些強大影響因素與特性上對我們所產生的銘印，而我
們的功課就是要反思對應之道與承接隨之而來的影響與力量。

　　最後，對於那些在閱讀過程中有所體悟的讀者們，請
在接下來的幾天或幾周內靜下心去回味一下心中的感受。如
果你覺得自己對於某個議題也有相同的經歷，甚至覺得自己
可以有所改變並向前邁進的話，那請繼續加油。當我們可以
與別人談論這些事情或是稍微有所改變時，也會立刻有所察
覺。如果你內心感到驚恐或發現家中有什麼與疾病、精神障
礙、戰爭創傷或與傷亡及失敗有關的議題時，那麼尋求專業
的協助或許會更有幫助。你可以找心理治療師談談或是尋求
任何有人格發展領域專長的人諮詢，而你當然也可以與我聯
繫，或是任何家系研究領域的諮詢師也行。

　　我很榮幸可以與各位一同遊覽家系研究的世界，希望這
些知識能讓你更強健，也讓你的人生更加開闊。

諮詢和相關訓練課程地址與資訊

除了個別諮詢以外，我也定期舉辦工作坊與夜間說明會。針對有興趣的人與業界人士，我也提供蘿莎‧瑞斯史坦納治療方法（RRM）訓練課程。關於 RRM 的完整訊息都可以在我個人的網頁中取得：www.rosarechtsteiner.de

除了我在瑞士克羅伊茨林根（Kreuzlingen）的診所之外，我也與其他地區的案主合作，像是南德、柏林、漢堡與北萊茵 - 西發利亞都是我經常造訪的地方。除了一般個案之外，也包含企業主與領導階層這類的企業案主，其中也有家族的小群體諮詢。

我在此必須對治療師與人體運動學專家們傳達一項很重要的訊息：我在這本書中所能描繪的只是這個治療方式的基礎與冰山一角而已。想要妥善應用蘿莎‧瑞斯史坦納治療方法就必須要掌握全然的認知，否則後果不堪設想。我將在下頁中推薦德國各地的同業與他們的聯絡方式，而這些人都是應用本書中所提到的治療方法為業。

漢堡（HAMBURG）

1. Lena Rechtsteiner-Aboubacar / 聯絡信箱 lena@rechtsteiner.net
2. Andrea Meyerfeldt / 聯絡信箱 andrea@meyerfeldt.info
3. Angelika Beu / 聯絡信箱 Angelika.Beu@gmx.de
4. Heike Starck-Ahrens / 聯絡信箱 heike.starck-ahrens@alice-dsl.de

柏林（BERLIN）

1. Sammy Strasser / 聯絡信箱 sammystrasser@gmx.de
網址 www.coaching-praxis-mitte.de
2. Pamela Knaack / 聯絡信箱 pamela_knaack@web.de
3. Julia Todorow / 聯絡信箱 julia.todorow@googlemail.com

慕尼黑（MÜNCHEN）

1. Irma Gross-Zinkann / 聯絡信箱 igz@personalcoaching-mediation.de
網址 www.personalcoaching-mediation.de
2. Tanja Dammbach / 聯絡信箱 www.werner.tanja@gmail.com

門登（MENDEN）

1. Silke Schinke-Kissing / 聯絡信箱 post@schinke-kissing.de
網址 www.schinke-kissing.de

新楽園
Nutopia

國家圖書館出版品預行編目（CIP）資料

衝破家鎖：擺脫家族制約、創造新生活 / 蘿莎．瑞斯史坦納 (Rosa
Rechtsteiner) 著；李昕彥譯 . -- 初版 . -- 新北市：新樂園，遠足文化，
2017.05（新能量；2）
譯自：Familie im Gepäck : wie Sie sich aus alten Mustern lösen und
zum eigenen Leben finden finden

ISBN 978-986-94475-4-6(平裝)

1. 家族治療 2. 家庭結構 3. 親子關係 4. 個案研究

178.8   106006606

心能量 002

衝破家鎖：擺脫家族制約、創造新生活
Familie im Gepäck : Wie Sie sich aus alten Mustern lösen und zum eigenen Leben finden

作者	蘿莎 ‧ 瑞斯史坦納（Rosa Rechtsteiner）
譯者	李昕彥
美術設計	高偉哲
責任編輯	李宜珊
總編輯	趙世培
社長	郭重興
發行人	曾大福
出版者	新樂園出版／遠足文化事業股份有限公司
	23141 新北市新店區民權路 108-2 號 9 樓
	客服專線 0800-221-029
	傳真 (02)8667-1065
	電郵 service@bookrep.com.tw
	郵撥帳號 19504465
發行	遠足文化事業股份有限公司
排版	簡單瑛設
印刷	前進彩藝有限公司
法律顧問	華洋法律事務所 蘇文生律師
初版一刷	2017 年 5 月
定價	320 元